LA CALIFORNIE

ET

LES ÉTATS DU PACIFIQUE

NEUCHATEL — IMPRIMERIE DE JAMES ATTINGER

LA
CALIFORNIE

ET

LES ÉTATS DU PACIFIQUE

SOUVENIRS ET IMPRESSIONS

PAR

Edmond LEUBA

PARIS

LIBRAIRIE SANDOZ ET THUILLIER
4, rue de Tournon, 4

NEUCHATEL | **GENÈVE**
LIBRAIRIE JULES SANDOZ | LIBRAIRIE DESROGIS

1882

I

UN PREMIER PROJET DE VOYAGE

A LA CÔTE DU PACIFIQUE

Vers la fin de décembre 1858, je rentrais à New-York, après un séjour de plusieurs mois à Westport, petite ville de l'Etat de Connecticut, à peu de distance de la baie de Long Island.

J'avais passé ce temps de villégiature auprès d'un brave ministre de l'Eglise épiscopale, Ecossais de naissance, ayant fait pas mal de métiers, avant que de se vouer à la théologie. Commis dans une grande maison de cotons de Charleston, puis précepteur des enfants d'un riche planteur de la Louisiane, il avait un jour versé dans la chicane. La carrière d'avocat l'ayant assez promptement désillusionné, il se décida, vers l'âge de 40 ans, à étudier la théologie. Lorsque je fis sa connaissance, la pratique qu'il avait dans le saint ministère était relativement récente, quoiqu'il ajoutât à sa signature les deux lettres « D. D. », c'est-à-dire

« docteur en divinité », grade assez élevé dans la hié-
rarchie de l'Eglise épiscopale. Homme fort instruit,
d'un commerce très agréable, il était vivement recherché par la meilleure société de Westport et des
environs, et son Eglise trouvait un grand appui financier auprès de plusieurs banquiers de New-York, dont
les familles habitaient pendant la belle saison quelques charmants cottages sur les bords de la baie.

Le premier dimanche que je fus installé chez mon
révérend, je l'entendis de bonne heure frapper à ma
porte.

— Je vais sans doute être indiscret, me dit-il en
souriant ; mais en votre qualité d'étranger, de Français, je ne sais s'il est dans vos habitudes d'aller à
l'église ?

— Mais, certainement, interrompis-je.

— Oh ! mon cher Monsieur, quoique ministre, je
n'entends imposer mes idées à personne. Je voulais
vous dire seulement qu'en venant assister à mon sermon, vous me feriez le plus grand plaisir. Dans tout
le pays l'on sait maintenant que vous habitez chez
moi, et vous comprenez quelle fâcheuse impression
mes paroissiens gagneraient à ne pas vous voir à l'é-
glise, dans mon banc.

— Comptez bien que j'irai, mon cher révérend. Je
me promets d'être tout oreilles au débit de votre élo-
quence.

Cette réponse ne pouvait que flatter mon cher ministre écossais.

Quelques jours auparavant, par la porte entrebâillée

du « parlor » (salon), j'avais aperçu mon homme debout devant une grande glace, répétant son prochain sermon à haute voix, avec force gestes qu'il s'étudiait à rendre gracieux.

Je fus donc à l'église, en compagnie de la femme du révérend, revêche et désagréable personne autant que son mari était aimable.

Vers deux heures de l'après-midi, mon hôte revint me trouver.

— Je puis compter sur vous au prêche, n'est-ce pas ?

— Avec plaisir ; répondis-je.

Et j'allai savourer un second sermon.

Peut-être le révérend ne fut-il pas entièrement convaincu de mon zèle religieux, cela ne le retint pas toutefois de me relancer le soir.

— J'ai encore un service de 8 à 10 heures, me dit-il. Si je vous demande d'y assister, je vous promets quelque compensation. Vous rencontrerez toutes les plus jolies filles des environs. Croyez bien qu'elles ne viennent guères à l'église pour écouter mes paroles. Les doux propos des jeunes gens qui les accompagnent sont mieux leur affaire. Vous aurez donc bonne chance de ne pas trop vous ennuyer.

———

Mais, pour en revenir à mes moutons, j'étais donc rentré depuis quelques jours à New-York, lorsque dans Broadway je rencontrai mon vieil ami Alphonse

R., dont le frère, aux dernières heures de l'empire, devint ministre de Napoléon III.

— Quel bon vent vous amène dans ces parages ? Je vous croyais au loin. Et je lui serrai la main, tout réjoui à la pensée des bonnes heures que j'allais passer dans la société de cet aimable garçon.

— Je suis plus étonné de vous voir dans ce pays-ci, que vous devez l'être de m'y rencontrer ; car ne m'avez-vous pas, l'an dernier, accompagné sur la jetée du Havre, lorsque je quittai l'Europe à bord du steamer *Vanderbilt,* me répondit-il, en me rendant mon affectueux témoignage de bienvenue.

Nous allâmes dîner chez Delmonico, devisant jusqu'à une heure avancée, d'anciens souvenirs, d'amis communs, laissés sur le vieux continent, et de nos projets pendant le séjour que tous deux nous comptions encore faire aux Etats-Unis.

Il me raconta qu'il arrivait du West-Pensylvania, où, dans une de ses courses vagabondes, le hasard lui avait fait rencontrer un vieux fermier d'origine française, chez lequel il avait passé quelques mois à chasser et à pêcher, car la chasse et la pêche sont les grandes passions de mon cher R.

— L'hiver est arrivé, continua-t-il, et quelque plaisir que je trouvasse chez mon vieux compatriote, dont l'hospitalité a été des plus cordiales, ma foi, la neige m'a chassé. Je dis adieu aux ours noirs, aux chevreuils, aux canards et me voici, pour quelques jours seulement, à New-York. Il fait un froid de Sibérie, je n'aime pas outre mesure les parties de traîneau ou de patinage sur les étangs du « Central Park ». Je songe déjà à replier bagage, à m'en aller dans le Sud, à la Nouvelle-Orléans, à Mobile, que sais-je? Là-bas je trouverai certainement à tirailler sur quelque gibier. Mais venez donc avec moi. D'après ce que vous me dites, rien ne vous retient particuliérement à New-York?

Je ne pouvais toutefois accepter sa proposition, mais je lui promis d'aller le rejoindre dans le Sud, vers le mois d'avril.

— Faites mieux, me répondit-il. Je ne compte pas prolonger mon séjour là-bas au-delà de l'époque que vous m'indiquez. Je songe à remonter le Mississipi jusqu'à Saint-Louis ou plus haut encore. Bref, je tiens à aller m'installer du côté de San Joseph, à l'ouverture des grandes plaines. J'y établirai mon quartier-général, et dans ces régions je trouverai bien à faire la guerre aux buffalos (bisons); ce sera à peu près l'époque de leur émigration vers le Nord. Puis je me suis promis de faire une hécatombe de poules des prairies et de dindes sauvages. Venez donc me rejoindre dans l'Ouest; vous êtes chasseur aussi, je m'en souviens, moins enragé que moi sans doute, car vous n'avez encore chassé que sur le vieux continent, où tout est borné. Et pour vous, mieux sera d'ailleurs, au commencement de l'été, de vous promener dans l'ouest, que d'habiter la Nouvelle-Orléans sous la menace de la fièvre jaune. Vous trouveriez la ville bien morte; tous ceux qui peuvent s'en échapper vont dans les Etats du Nord.

Tenez, insista R., nous avons l'un et l'autre du temps à perdre. Eh bien, si vous voulez, nous irons, tout en chassant, traverser le Grand-Ouest, du Mississipi à la côte du Pacifique. Ne vous récriez pas, ne voyez pas l'impossible dans mon projet. Comment? mais tous les jours il part de San Joseph quelque train d'émigrants pour la Californie ou l'Orégon, et ils y arrivent.... plus ou moins au complet. Deux à trois mille milles de déserts et de prairies à traverser, c'est un peu long et monotone, je l'avoue, mais après tout, n'avons-nous pas, à moitié route, la ville des saints, la ville des Mormons : Salt lake City? Nous pourrons nous y arrêter et nous refaire. Et là, si le voyage à petites journées, en chassant, nous a paru quelque peu indigeste, si nous sommes fatigués peut-être, nous avons la ressource de prendre la diligence transcontinentale. Au surplus, à partir de San Joseph, nous allons à peu près suivre sa route, et, à tout prendre, nous arriverons bien à San Francisco avant la fin de l'année prochaine.

Allons, mon cher, secouez vos idées d'Europe, américanisez-vous. Est-ce entendu?

— Eh! eh! comme vous taillez la besogne; je trouve la dose un peu forte, mon cher R..... Laissez-moi y regarder à deux fois, avant que de chausser mes guêtres et d'entreprendre cette vie de chasseur des bois. Croyez-moi, pareil voyage tient en réserve pas mal de misères, et qui sait? quelques dangers peut-être. Mais je ne recule pas. Donnez-moi quelques heures de réflexion, la nuit porte conseil, dit-on. Demain, nous reviendrons sur ce sujet, vous pour me dire si votre projet est bien décidément arrêté, moi pour vous fixer si, oui ou non, je puis le partager.

Nous devions nous retrouver le lendemain soir au théâtre français, dans Broadway.

Cet hiver-là, New-York possédait une troupe française très-passable, sous la direction de M. Sage, mort très-malheureusement, il y a quelques années, à son retour en France, à Rouen, je crois.

Nous fûmes placés à l'orchestre, auprès d'un véritable géant, très-expansif en ses bravos à l'adresse des acteurs, mais des actrices principalement.

C'est, me dit-on, M. Caussidière, l'ancien préfet de police à Paris, en 1848.

Alors retiré à New-York, il était importateur de vins de champagne, au coin de Broadway et de Beaver street.

— Allons manger des huîtres et boire de la bière écossaise, puisque c'est dans les habitudes du pays, dis-je à R., au sortir du théâtre. Aussi bien avons-nous à revenir sur la proposition que vous me fîtes hier soir. Elle a été assez piquante pour me tenir éveillé une bonne partie de la nuit. Et vous dire les rêves sans fin qu'elle m'a procurés, dans lesquels nous étions toujours aux prises avec les Indiens, des bisons et autres animaux de la même espèce !

Sous réserve de quelques objections, sans importance d'ailleurs, j'étais décidé à suivre mon ami R.

Quant à lui, il n'avait point changé d'idées. — Au

contraire, je le trouvai plus ardent encore dans la poursuite de son projet.

Rendez-vous fut pris pour la fin d'avril, à Saint-Louis, où nous devions passer quelques jours. De là nous comptions remonter jusqu'à San Joseph, dans le Missouri, afin d'y recueillir les informations nécessaires au voyage, nous équiper en armes, chevaux et provisions, selon que nous nous déciderions à entreprendre seuls la campagne, ou bien que, pour plus de sécurité, nous préfèrerions nous joindre à quelque train d'émigrants.

Mon futur compagnon d'aventures partit peu de jours après pour le sud des Etats-Unis. Il m'écrivit plusieurs fois, me racontant ses chasses et ses pérégrinations incessantes.

Tous nos plans, nos projets étaient bien arrêtés, élucidés; mais l'homme propose et Dieu dispose.

Des circonstances très-sérieuses m'obligèrent à retourner sur l'heure en Europe, en mars 1859.

J'en avisai mon ami R., en lui exprimant tous mes regrets de manquer ainsi au rendez-vous et de reculer indéfiniment, selon toutes apparences, un voyage des plus intéressants à cette époque, où le « Far West » était encore fort peu ouvert à la civilisation; car des bords du Missouri à l'Océan Pacifique la race blanche n'avait guères jusque-là marqué son établissement que par quelques petits forts clairsemés dans l'immensité des prairies, et par les défrichements, œuvre des Mormons, autour du grand lac Salé et dans le territoire de l'Utah.

Depuis plusieurs années, la Californie était la terre promise, l'Eldorado, bien qu'à cette époque (1858-1859) il existât sur cette partie de la côte du Pacifique un temps d'arrêt très prononcé dans ce grand mouvement de prospérité, qui, en un laps de vingt-cinq années, en a fait l'un des Etats les plus riches de l'Union américaine.

Ce temps d'arrêt fut produit par le grand «excitement» (vogue) de la découverte des mines d'or de la région de la rivière «Frazer», dans la Colombie-Britannique. Tout le monde voulait s'y rendre, abandonnant même les placers de la Californie, déjà fortement appauvris, à la vérité, par un travail superficiel de dix années.

La propriété foncière à San Francisco et dans les villes de l'intérieur avait effroyablement diminué de valeur. Chacun voulait vendre pour se procurer les moyens d'aller au «Frazer».

Les mines du «Frazer river», si chaudement prônées, restèrent bien au-dessous des espérances; elles durèrent ce que dure un feu de paille et causèrent la ruine de tous ceux qui s'y rendirent.

Le moment des désillusions arrivé, l'on soupçonna grandement que tout cet «excitement» était une spéculation organisée par une puissante compagnie de bateaux à vapeur. En faisant miroiter aux yeux des Californiens, alors assez naïfs encore, cette contrée du Frazer, si riche en placers et mines d'or, la dite compagnie de steamers s'était tout simplement procuré le transport de ces milliers de coureurs d'aventures et

de chercheurs d'or formant à cette époque le gros de
la population californienne.

Pour se rendre des Etats de l'Est en Californie,
était peu question de la route transcontinentale. L'o.
passait encore par le cap Horn, mais surtout pa
l'isthme de Panama ou par l'Etat du Nicaragua. Le
beaux vapeurs de la «Malle du Pacifique» transpo
taient plus ou moins confortablement les voyageur
de New-York à San Francisco, par la voie du Centr
Amérique.

A ceux qui traversaient le continent, du Mississi
à la côte du Pacifique, deux modes de locomotic
s'offraient alors. L'on pouvait prendre la ligen
transcontinentale, franchissant en douze jou   vir
la distance entre San-Joseph et San Francis
fatigant, dangereux parfois et très-dispen eu
ou bien il fallait se résigner à traverser les   ai
compagnie de «trains d'émigrants».

C'était alors un trajet prenant quelques cinq
mois, sans grandes fatigues il est vrai, mais
monotonie à laquelle pouvaient seuls se soumet
gens de l'Ouest, obligés à ce genre de locon
car, fermiers pour le grand nombre, ils emm
avec eux leurs bestiaux, leurs chariots et leurs .
ments d'agriculture.

II

EN ROUTE, ENFIN, POUR LA CALIFORNIE

PREMIÈRES IMPRESSIONS.

Dix ans après, en 1868, je débarquais de nouveau à
New-York. J'y trouvai toutes choses bien changées et les gens
aussi. La guerre de sécession avait modifié, je ne dis pas
amélioré les mœurs du pays. Avant cette terrible
guerre, New-York réflétait un aspect plus simple, plus
ordonné, ce me semble. L'on s'y sentait davantage chez soi. Le luxe et l'ostentation y faisaient moins
de bruit et l'on rencontrait plus de cordialité.

La guerre civile qui, dans le Sud, a réduit tant
de familles à une complète misère, obéré si ter-
riblement les finances des Etats-Unis, que plusieurs
sont appelées à en souffrir par suite des
charges dont l'amortissement leur incombe;
cette lutte acharnée, puis la spéculation sur les cotons, l'avilissement du crédit national, avaient

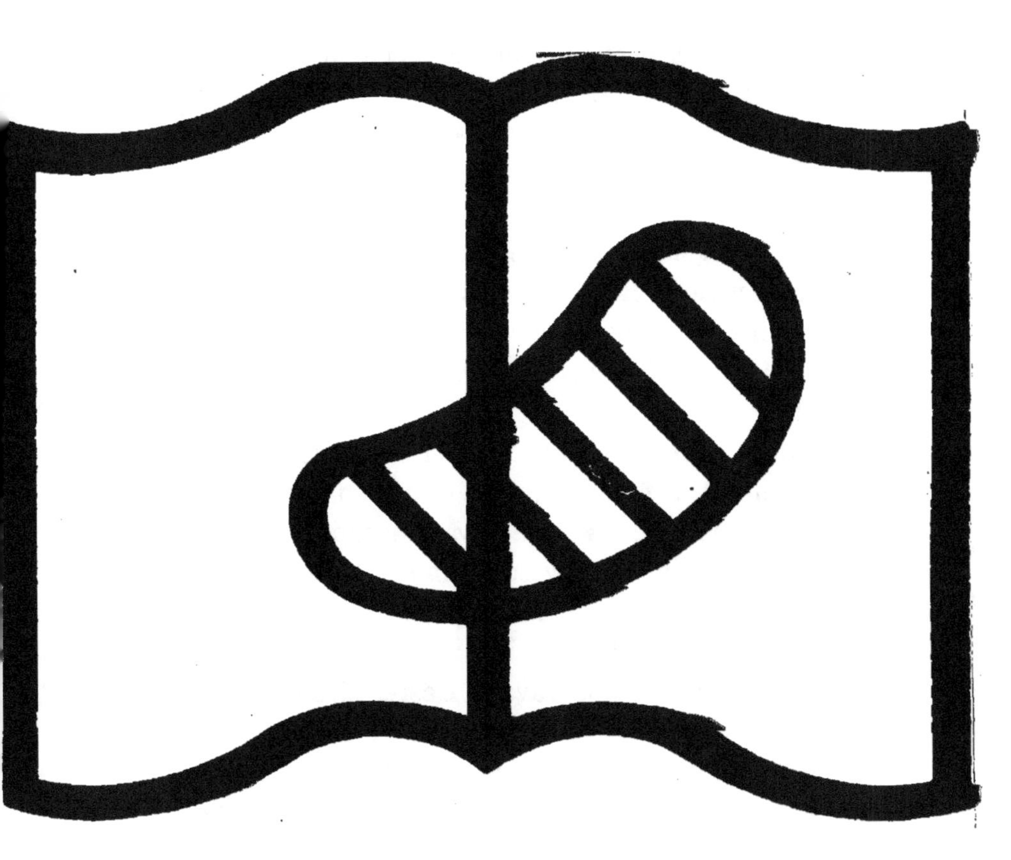

enrichi dans le Nord toute une classe de gens, de ceux qui généralement n'arrivent à la fortune qu'en pêchant en eau trouble, remplissent leurs poches en vidant les coffres de l'Etat et font toujours d'autant plus étalage de leur richesse qu'elle leur est venue par hasard et sans travail.

Bref, je ne retrouvais plus mon New-York d'autrefois.

Je me demandais de quel côté je devais diriger mes pas : vers la Havane ou la région du Mexique, lorsque mes anciens projets de visiter l'Ouest des Etats-Unis et la côte du Pacifique me revinrent à la mémoire.

Hélas! je ne pouvais plus compter sur la compagnie de mon ami R. Il était lui-même rentré en Europe, et pour le quart d'heure je le savais occupé, quelque part près de Saint-Valéry-sur-Somme, à canarder le gibier d'eau, et plus particulièrement à surveiller l'instruction de son fils.

Deux ou trois ans auparavant, c'est-à-dire en 1865-1866, j'avais été invité à me joindre à l'exploitation de mines d'argent dans le Sud-Est de l'Etat de Nevada, presque aux confins du territoire de l'Arizona, mines dont le superintendant était un vieil ami d'Europe.

C'était là, je crois, le seul souvenir qui m'eût rappelé le « Far-West » depuis mon premier séjour aux Etats-Unis en 1858.

Je me décidai à pousser une reconnaissance jusqu'en Californie.

Je vais, me dis-je, profiter du bon marché des prix

de transport par les vapeurs et le chemin de fer de l'isthme de Panama. Les voilà à 100, voire même à **75** dollars pour San Francisco, soit par la « Malle du Pacifique », soit par la ligne en concurrence faisant le trajet par le Nicaragua. Sautons à l'office des vapeurs et prenons notre billet.

J'avais compté sans la vivacité d'allures des hommes d'affaires aux Etats-Unis.

Rien de changé la veille dans l'annonce des départs pour la Californie, pas plus que dans le prix des places. Mais, lorsque je fus à l'office :

— C'est 250 dollars en or[1] pour San Francisco, me dit le commis.

— Bien, bien, répondis-je ; il m'est indifférent de prendre passage sur les vapeurs de la ligne en concurrence. J'y serai accommodé pour mes cent dollars,

— Il n'y a plus d'autre ligne que celle de la « Malle », me riposta l'employé en souriant. Nous venons d'acheter la concurrence. Si vous voulez aller à San Francisco, c'est 250 dollars. A la vérité, vous

---

[1] A cette époque le dollar or valait quelque 25 à 30 % de plus que le dollar-papier (greenback). Cette prime avait été de 65 % pendant la guerre de sécession, vers 1864-1865. Aujourd'hui cette prime a disparu entièrement. L'état financier des Etats-Unis, grâce à leur tarif de droits de douane si exagéré, et d'ailleurs au développement des richesses du pays, tend à retrouver ses beaux jours d'avant 1860, alors que l'Union américaine n'avait pas de « dette publique ». Et quelle plus prompte rédemption il y aurait de cette énorme somme d'obligations des Etats-Unis, si les recettes fiscales actuelles étaient loyalement payées. Mais un bon tiers reste entre les doigts des officiers du gouvernement, sans mettre en ligne de compte ce qui n'entre pas dans la caisse du Trésor de Washington, par les fraudes dans nombre d'industries, par exemple la fabrication et la vente du whisky, et le commerce du tabac.

pouvez encore prendre la diligence transcontinentale, cela vous coûtera 500 dollars ou davantage.

Je n'avais plus la pensée de faire la route par terre, voyageant seul surtout. Puis je me dis que, puisque l'on construisait le chemin de fer du Pacifique au Missouri, j'aurais toute bonne chance, pour peu que mon séjour en Californie se prolongeât, de revenir dans l'Est à travers les plaines et les Montagnes-Rocheuses, dans des conditions de vitesse et surtout de confort bien préférables à celles que la diligence pouvait m'offrir.

Faisant la grimace, je payai mes 250 dollars, et me voilà «booked» (inscrit comme passager) pour la Californie sur le vapeur *Ocean-Queen*, à destination d'Aspinwall, — de là par le chemin de fer à travers l'isthme à Panama, et de ce port à San Francisco, sur le steamer de la «Malle», le *Colorado*.

III

Vingt-quatre jours après le départ de New-York, nous longions la côte de Californie. Nous devions entrer le soir dans la baie de San Francisco.

Le voyage s'était en somme effectué dans d'assez bonnes conditions; passons sous silence l'affreuse installation des passagers à bord de l'*Ocean-Queen*, rendue plus atroce encore, en raison des latitudes chaudes que nous traversions, de la hauteur de la Floride jusqu'à Aspinwall. Mais nous étions si nombreux à bord, bien au-delà du chiffre réglementaire, ce dont les directions de lignes à vapeur aux Etats-Unis se préoccupent peu! Grâce aux dimensions du steamer *Colorado*, à partir de Panama les rangs furent moins serrés; mais que d'abominables odeurs à bord, provenant du bétail vivant qu'on avait embarqué en vue d'une traversée de quinze jours et plus! Et quel dévergondage toléré par le capitaine! Des filles poursuivaient leur métier comme sur les boulevards de Paris; l'orgie avait ses coudées franches, de jour et de nuit.

Nous étions une très-nombreuse compagnie à bord du *Colorado*, Californiens en grande majorité, revenant de visiter les Etats de l'Est.

Tout le monde se réjouissait de mettre bientôt pied à terre, et le dernier dîner que nous faisions à bord nous paraissait moins mauvais que d'ordinaire.

Nous sortions de table. Beaucoup avaient déjà gagné le pont, lorsqu'un effroyable craquement, une secousse abominable, cause de pas mal de culbutes, durent donner à penser à bien des passagers que, quelque près du but que nous fussions, nous pourrions bien voir reculer le doux moment de sentir enfin sous nos pieds le plancher des vaches.

Le vapeur s'était à peu près arrêté.

— A head (en avant) et plus de vitesse, cria le capitaine.

Et nous voilà draguant le fond de roches sur lequel nous avions touché.

Nous passons, mais dans la bagarre nous laissons de nos plumes, sous la forme d'environ 50 pieds de notre quille.

Cela ne nous empêchera pas de gagner San Francisco le soir même; nous ne faisons pas d'eau, du moins le capitaine l'affirme à une douzaine de passagers fort mécontents et déjà organisés en meeting, à l'effet de dresser une protestation indignée contre l'état-major du vapeur, protestation qui eut son plein effet, car le capitaine fut mis à pied à l'arrivée, malgré ses longs services dans la compagnie de la «Malle», où il occupait le rang de «commodore».

Et tout cet accident, le désarroi qui s'ensuivit, d'où provinrent-ils?

Simplement de ce laisser-aller incroyable chez ces

bons Américains, de ce défi du danger, je dirais vraiment de ce plaisir que beaucoup d'entre eux ressentent, je crois, à jouer avec le péril.

Nous longions la côte à si petite distance, qu'en vingt coups d'aviron nous y aurions atteint. Il était tout aussi avantageux, pour la route à faire, de tenir le vapeur à un quart de mille plus au large, car les récifs ne manquent pas dans ces parages.

Cette alerte me refroidit un peu.

Pas n'était besoin, car depuis la veille que nous suivions cette côte de la Californie, j'étais désenchanté de plus en plus.

C'était donc là cette perle du Pacifique, ce beau pays californien ?

Aussi loin que la vue pouvait s'étendre par de là le rivage vers l'intérieur, rien que des terres sablonneuses, sans apparence de végétation. Pas d'arbres, partout une véritable solitude. Des collines, des mornes (comme les appelle mon ami, le capitaine Ch., habitué à la vue des montagnes du Brésil), entrecoupés d'étroites vallées, où, sur un petit ruisseau souvent à sec pendant l'été, l'on aperçoit, coupant la monotonie du paysage, quelque misérable maisonnette en bois, pauvre habitation du «ranchero» (fermier-éleveur de bestiaux).

Par-ci par-là un bouquet de chênes verts rabougris; sur le versant des collines des broussailles chétives, que la brise de mer secoue incessamment dans un sol rocailleux.

Puis des troupeaux de bœufs, broutant toute l'année une herbe bien maigre n'existant vraiment qu'après la saison des pluies d'hiver. Vous pouvez vous figurer comme la vue est promptement fatiguée et rassasiée d'un panorama d'une égalité de tons si désespérante.

Par delà, à 30 ou 50 milles, comme une haute barrière fermant l'horizon, se dressent les montagnes de la Sierra Nevada ou plutôt de la Sierra Madre, comme elle est dénommée dans le Sud de la Californie.

Vous les voyez, dessinant des pics de sept à douze mille pieds d'élévation, à travers un voile de vapeurs, qui, dans un ciel toujours bleu, se condensent rarement en nuages.

C'est la grande Cordillière s'étendant presque sans interruption le long de la côte du Pacifique, de l'Alaska dans le Nord, aux territoires de la Patagonie.

Par ses ramifications, courant du Nord au Sud, parallèment à la chaîne principale, la Sierra Nevada coupe la Californie, dans presque toute sa longueur, en de larges vallées au milieu desquelles, avant 1848, des bandes d'elks, de cerfs et de chevreuils paissaient dans une solitude profonde en compagnie de ces innombrables troupeaux de bœufs et de chevaux, alors la seule fortune des Californiens.

La cession de la Californie aux Etats-Unis, mais surtout la découverte de l'or, ont fait affluer sur cette côte une émigration de tous les peuples du monde.

Pendant bien des années encore après 1848, les mines attiraient essentiellement les nouveaux arrivants et l'agriculture ne tenait qu'un rang secondaire.

Les anciens occupants du pays ne s'étaient jamais donné la peine de faire travailler leurs terres; quelques acres peut-être leur donnaient le blé, l'orge, des fèves et quelques légumes absolument nécessaires à leurs besoins.

Aussi était-il de croyance générale, dans les premières années de l'occupation américaine, que les terres en Californie ne pouvaient donner des récoltes en céréales.

Cependant le travail des placers d'or ne dura qu'un temps assez court. Partout dans les montagnes, dans les anciens lits de rivières, le chercheur d'or avec ses instruments très primitifs pour l'extraction du précieux métal, eut bientôt écrémé la superficie des terrains aurifères. Le jeu n'en valut plus la chandelle, comme dit le proverbe; la vie dans les camps miniers était fort chère alors, les orgies y allaient bon train et une récolte d'une once de poudre d'or (environ la valeur de 80 à 85 francs) par jour ne suffisait pas toujours à combler les dépenses.

Afin de continuer ces exploitations des placers, l'on dut recourir à des moyens perfectionnés, imposant de grands frais d'installation.

Ce fut la fin du travail individuel. Il devenait nécessaire de semer avant que de songer à récolter. Or, les mineurs, comme la cigale de la fable, n'étaient rien moins que riches d'économies.

L'or, au début, s'attachait, pour ainsi dire, à la semelle de leurs bottes; mais il avait aussi fort rapidement glissé entre leurs doigts en orgies et prodigalités de toutes sortes.

Force leur fut bientôt d'abandonner la vie indépendante et imprévoyante de chercheurs d'or et de reprendre la route de la plaine.

Beaucoup échangèrent alors le pic et le « rocker » (instrument pour laver les sables aurifères) contre la charrue du cultivateur et la hache du défricheur. Et leur exemple fut prudemment suivi par la plupart des nouveaux arrivants.

Aussi, d'année en année, ces larges vallées, le versant des montagnes, se couvrirent comme par enchantement de magnifiques récoltes de blés et autres graines, et ces cultures promettent, dans un avenir prochain, de donner une si grande quantité de produits, que la Californie deviendra la plus riche source d'approvisionnement pour notre vieille Europe, incapable de nourrir ses habitants.

IV

SAN FRANCISCO

UN TREMBLEMENT DE TERRE

Nous passons par le « Golden Gate » (la porte d'or), goulot dont la configuration rappelle celui qui forme l'entrée de la rade de Brest. Quelques tours de roue nous amènent bientôt, rasant les forts qui en défendent l'accès, dans la magnifique baie de San Francisco.

Magnifique sous le rapport de sa vaste étendue, car son aspect général n'est guère réjouissant à la vūe, entourée qu'elle est de montagnes arides, presque dénudées d'arbres.

Quelque trente ans auparavant, elle devait offrir un spectacle plus attrayant, car ces collines étaient encore en grande partie boisées. Mais tout est tombé sous la hache du bûcheron et du fermier-défricheur.

A peine le steamer amarré à son wharf, qu'une première sensation nous attend.

San Francisco, deux jours auparavant, a été secoué

par le tremblement de terre le plus violent que de mémoire californienne on ait ressenti sur cette partie de la côte.

Grande émotion partout en ville, mais surtout dans les bas quartiers au bord de la baie, où quelques maisons en briques ont été renversées par ces commotions souterraines. Toutefois peu ou point d'accidents sérieux, heureusement, et tout le monde de sortir à la rue, au saut du lit le matin, craignant d'être écrasé sous les murs, comme les Philistins sous les colonnes du temple.

Personne à bord du *Colorado* n'avait ressenti ce tremblement de terre, et cependant, lorsqu'il survint, nous n'étions guère à plus de 150 lieues de San Francisco, et à petite distance de la côte.

— Bon, me dis-je, encore un accident peu fait pour me réconcilier avec ce pays-ci. Mais enfin, il y a peut-être une chance de ne pas laisser mes os sous quelque éboulement à venir. Puisque les maisons en briques résistent le plus mal, allons demander asile à quelque palais en bois sur le haut des collines.

Je parcourais le même soir les journaux de San Francisco.

Je vis qu'il y avait eu à Platt's Hall une représentation française. On avait donné «Adrienne Lecouvreur».

Ce rôle était tenu par Mlle Eugénie S...., ancienne pensionnaire de la Gaité de Paris. Je l'avais connue en 1858 à New-York, alors qu'elle était l'étoile de la troupe dramatique de M. Sage.

Charmante actrice et charmante femme, causeuse

des plus spirituelles et voyageuse intrépide, je fus à
ma première sortie lui présenter mes compliments.

Tout dans ses appartements était sens dessus dessous : malles de ci, de là, costumes de théâtre étalés
sur les meubles, et la maitresse de céans fort occu-
pée à faire boucler ses bagages.

— Je tombe sans crier gare au milieu d'un déménagement, je crois, dis-je à Mlle S...., après l'avoir
assurée de tout le plaisir que j'avais à la revoir.

— Un déménagement? dites plutôt une fuite préci-
pitée. Je n'ai pas les Egyptiens à mes talons, me ré-
pondit-elle, mais le tremblement de terre dans les
jambes. Je ne dors plus, je suis énervée; je ne sais ce
que je fais depuis deux jours. Je crois constamment
que la maison va me manquer sous les pieds. Eh bien,
franchement, j'aime mieux une autre fin, et puisque
j'en ai encore le choix, je pars. Je vais dans une autre
partie du monde, moins abominablement secouée que
celle-ci. Assez de la poussière de San Francisco et de
ses tremblements de terre. Une seconde édition et j'en
deviendrais folle. Et vous qui venez en essayer! que
je vous plains! Oui je pars. Je prends le steamer pour
New-York. Là au moins le terrain est solide. Mais
vous qui n'avez pas éprouvé nos angoisses, n'attendez
pas d'en faire l'expérience. Allons, reprenez le chemin
de l'Est. Vous avez trois jours avant le départ du vapeur, pour voir la Californie; je vous assure que c'est
assez. Il n'y a rien ici qui puisse vous intéresser; pays
neuf et gens fort peu civilisés, cela n'a rien d'engageant, croyez-moi.

— Vraiment, je vous tenais pour plus courageuse, moins impressionnable, lui répliquai-je. Une intrépide voyageuse, comme vous, doit-elle se laisser ainsi effrayer par quelques secousses dont tout l'effet aura peut-être un peu déplacé votre équilibre, brisé quelques-uns de vos magots et de vos vases chinois?

— Vous en parlez bien à votre aise, mon cher ami; vous ne vous êtes pas encore trouvé à pareille fête. Et quand je vous dirai qu'hier soir j'ai joué devant des banquettes à peu près vides, quoique la salle eût été presque entièrement louée à l'avance. Je n'ai pas voulu reculer la représentation, et pourtant mon esprit n'était guère au théâtre. Vous voyez que je ne suis pas seule à avoir peur. Jusqu'ici, j'ai toûjours eu salle comble; hier les plus braves ont seuls osé s'aventurer au théâtre.

Et trois jours après, Mlle S... partait pour New-York en compagnie de nombreux trembleurs comme elle.

D'ailleurs ce tremblement de terre avait frappé bien des esprits. Il en fut question pendant longtemps. Nombre de théories, d'affirmations, se sont produites relativement à la fréquence de ces bouleversements souterrains, l'époque à laquelle ils ont le plus généralement lieu et les signes précurseurs de leur venue.

J'ai, depuis, dans les mêmes parages, ressenti deux ou trois autres tremblements de terre, d'ailleurs assez anodins, et toujours ils survenaient après une série de jours très chauds, étouffants par suite d'une absence totale des brises de mer. L'atmosphère était voilée et le pays paraissait comme enveloppé dans un nuage de fumée.

San Francisco est situé sur un promontoire sablonneux, d'une largeur peu considérable, et beaucoup de gens prétendent qu'une forte secousse de tremblement de terre, jointe à l'énorme pression de. la masse de l'océan contre la côte, pourrait fort bien amener certains bouleversements radicaux sur ce promontoire.

Espérons que nous en serons quittes à meilleur compte que les villes de la Judée.

V

SAN FRANCISCO ET LA CALIFORNIE

AVANT L'OCCUPATION AMÉRICAINE

Dans 25 ans d'ici, San Francisco égalera en importance le New-York actuel, la métropole des Etats-Unis.

Il aura fallu deux siècles à la ville de l'Est pour atteindre à ce développement, tandis qu'en 1900, San Francisco ne sera qu'à son demi-centenaire, car San Francisco ne date guère que de 1848—1849.

A cette époque, de rares maisons en « adobe » (terre mélangée avec de la paille hachée), clairsemées au milieu des collines sablonneuses que la ville actuelle a envahies, donnaient quelques signes de vie à ce désert.

C'était ici, dans une vallée un peu abritée et moins stérile, auprès d'un petit ruisseau, ce qu'on appelle encore La Mission, c'est-à-dire une simple église, desservie par des prêtres mexicains pour la plupart, et autour de laquelle un petit nombre d'habitants avaient fixé leur résidence.

Ces quelques fidèles occupaient sur cette péninsule
les seules terres un peu fertiles. Ils y récoltaient à
peine quelques graines et des légumes; le strict nécessaire de gens sobres et paresseux.

Les eaux de la baie venaient battre le pied des collines et, trouvant quelques parties basses, y avaient
formé des espèces de lagunes, comblées dès lors et sur
l'emplacement desquelles s'est établi le quartier commercial de San-Francisco. Depuis, on a construit des
quais et des warfs, où viennent s'amarrer les navires
de tous les pays du monde.

Vers 1848, des Américains et quelques Européens
avaient pris pied à San Francisco.

C'étaient ou des capitaines de navires, trafiquant le
long de la côte, ou des représentants de maisons de
commerce de l'Est, de Boston principalement. Puis la
compagnie de la Baie d'Hudson et la compagnie russe
de l'Alaska y avaient établi des comptoirs dans lesquels venaient se déverser les produits de la pêche et
de la chasse que ces compagnies favorisaient essentiellement.

Le trafic sur la côte de Californie consistait surtout
en échanges. L'or et l'argent étaient à peu près inconnus.

Ce trafic était le monopole de quelques navires des
Etats-Unis et des baleiniers. Boston et New-York en-
voyaient en Californie des tissus et de la pacotille. La
mise à terre avait lieu principalement à Monterey,
alors la capitale du pays, et parfois à Yerba buena

(Bonne herbe, ici signifiant une herbe ayant certaines qualités médicinales), le San Francisco d'aujourd'hui.

Ces navires effectuaient leurs chargements de retour à leurs ports d'armement, en cuirs, suifs, huiles de baleine et fourrures. Quant aux produits du sol, il n'en était pas encore question.

C'était une véritable solitude à cette époque, que la baie de San Francisco, rarement sillonnée par quelques navires de l'Est ou par de plus petits bâtiments appartenant à la compagnie russe, dont le point de ravitaillement était alors à Benicia, petit port situé dans le fond de la baie, à peu de distance de Mare Island, où le gouvernement des Etats-Unis a, depuis, créé ses chantiers et son port maritime.

Vis-à-vis de San Francisco — sur la rive opposée où, dès lors, se sont élevées les villes d'Oakland, de Brooklyn et d'Alameda, entourées de riantes campagnes, résidence des principaux négociants et des spéculateurs de San Francisco — tout le pays, avant 1848, appartenait à quelques familles californiennes.

Ces terres leur avaient été concédées ou données par le gouvernement de la Californie au nom du gouvernement mexicain, soit en reconnaissance de services rendus, mais le plus souvent sans raisons bien plausibles, sous la condition toutefois d'améliorer la contrée, ce qui était demander l'impossible du far-niente des indigènes d'alors.

Sans besoins ni habitudes de luxe, ces familles occupaient des concessions de 10 à 13 lieues d'étendue, bâtissaient dans quelque endroit choisi et ombreux, sur le cours d'un ruisseau, une demeure fort primitive. A peine cultivaient-elles quelques acres de terre autour de la maison d'habitation, et l'évaluation de leur richesse s'établissait au plus ou moins grand nombre de troupeaux de bœufs et de chevaux, paissant toute l'année et multipliant au milieu de ces plaines sans limites.

C'était l'existence des patriarches de la Bible, pasteurs de troupeaux, fort peu adonnés à la culture de la terre.

Que reste-il aujourd'hui de la fortune de ces grands propriétaires californiens?

Bien peu d'entre eux ont su conserver quelque coin de terre et une humble médiocrité.

Lorsque les Etats-Unis ont pris possession de ce pays, le gouvernement de Washington a exigé que toutes ces concessions, ces «grants», fussent reconnus et patentés par le Land-office (bureau des terres fédérales), afin que les limites des terres de l'Etat fussent établies.

Nombre de ces concessions mexicaines n'ont pas été reconnues valables, soit par défaut de titres enregistrés à Monterey, dans les archives californiennes, soit parce que ces titres n'avaient jamais existé ou qu'ils avaient été fabriqués après la chute du pouvoir mexicain. Cela eut lieu pour le titre présenté par un Français établi à Mexico et en vertu duquel il prétendait avoir droit de possession sur tout le site actuellement occupé par San Francisco. Avant que la loi eût déclaré ses prétentions de propriété parfaitement frauduleuses, le susdit amateur eut le temps de se faire payer pas mal de terrains, sur lesquels des constructions avaient été édifiées.

Beaucoup de ces concessions toutefois ont été validées ; mais le gouvernement central a pris son temps pour en décider ainsi.

Les propriétaires californiens ont été obligés d'entamer démarches sur démarches et de presser leurs demandes à Washington, afin d'éviter que, jusqu'au moment où leurs titres seraient reconnus, leurs terres fussent occupées par des squatters, individus qui s'établissent sur les terres du gouvernement ou des particuliers, en prennent possession sans autre formalité ou compensation, et dont il n'y a souvent moyen de se débarrasser qu'en faisant parler la poudre ou à tout le moins en employant les shériffs et les hommes de loi.

Il fallait de l'argent à ces propriétaires du sol, afin de soutenir et faire triompher leurs droits. Et ils n'avaient de richesses qu'en leurs troupeaux.

Quel bon temps ce fut pour les avocats qui pullulent dans tout Etat américain, où ils sont une vraie peste ! et quelle moisson ils ont su se préparer dans ces réclamations de terres !

— Je vous obtiendrai votre titre, disaient-ils aux malheureux Californiens harassés par les envahisseurs de leurs propriétés ; mais cela prendra du temps et coûtera de l'argent. Or, vous ne pouvez guère attendre et vous n'avez pas la bourse pleine. Donnez-nous

un tiers, un quart de vos terres, vendez quelques troupeaux, ce sera faire la part du feu.

Presque toujours les Californiens étaient obligés
d'en passer par ces exigences des hommes de loi.

Puis le jeu, le whisky et la vie effrénée à l'ordre du
jour pendant quelques années après la découverte de
l'or, achevèrent l'œuvre commencée par les avocats.

Un lopin de terre par-ci, un troupeau par-là, tombaient dans l'escarcelle des banques de Pharaon, des
«bar-room» (débits de liqueurs), ou dans les mains des
aventurières de tous pays, accourues en Californie à
la première annonce d'une récolte abondante et facile
à recueillir.

Les étrangers n'étaient pas exclus des faveurs du
gouvernement mexicain en fait de «grants», mais ils devaient toutefois offrir quelque responsabilité.

Les seules conditions mises à ses concessions, étaient
que le bénéficiaire fît certaines améliorations, que tout
au moins il délimitât ses terres et établît une « fence »
(barrière) autour de la propriété ainsi concédée, surtout s'il s'agissait de terrains à proximité des «pueblos»
(villages).

Et c'est cette condition de barrières et d'améliorations qui a fait refuser à mon ami don Pedro S..., de
demander une partie du sol sur lequel San Francisco
s'est étendu.

— En 1846, me racontait-il, le gouverneur mexicain
Micheltorrena me donna sept lieues de terre à prendre
au-dessus de la Mission de Santa Cruz, à l'endroit
connu sous le nom de Rincon.

J'ai vendu cette concession quelques années après la découverte de l'or; mais à cette époque j'avais établi une scierie dans les montagnes de Santa Cruz et je vendais mes produits à San Francisco et dans les ports du Sud de la Californie.

Lors d'un voyage que je fis à Yerba Buena, je rencontrai le capitaine Leidesdorff, que je connaissais de longue date. C'était un Danois, depuis bien des années échoué sur les rives californiennes. Il y faisait le cabotage.

— Je vais à Monterey, me dit Leidesdorff. J'ai la conviction que San Francisco deviendra un port de grande importance. La situation est si avantageuse; c'est vraiment le seul bon mouillage un peu étendu que nous ayons depuis Panama. Je compte demander au gouverneur de me donner une concession de terres ici. Voulez-vous, don Pedro, que je la lui demande en votre nom et au mien? Croyez-moi, j'ai raison. Dans un avenir peu éloigné, cette baie sera très fréquentée, car Yerba Buena a devant elle des eaux profondes et elle est l'une des meilleures rades que je connaisse.

— Oh! capitaine, ne me parlez pas de ces parages, de ces collines sablonneuses et stériles, à travers lesquelles le vent, toute l'année, pousse des nuages de poussière. C'est bien le plus triste endroit de toute la côte. Et d'ailleurs je ne veux pas faire de frais, je ne viendrais certainement jamais habiter ici. J'ai des propriétés à Santa Cruz, à San José, à Los Angelos, voire même vis-à-vis de Yerba Buena. Avec mon compadre don Antonio Pico, je possède indivis une bonne concession à San Raphael. Je n'ai que faire d'autres terrains.

Le capitaine Leidesdorff s'en alla à Monterey et y obtint son « grant ». Il lui fut accordé une partie des collines sur lesquelles est bâti San Francisco.

En quelques années il vendit ces terres en les détaillant. Ce fut l'origine d'une grande fortune dont il jouit en Danemark, où il s'est retiré. Une rue de la ville porte son nom.

Don Pedro S.... est aujourd'hui le plus ancien Français établi en Californie.

Il arriva à Los Angelos, dans le Sud, en 1839, des rives de la Garonne, à la recherche d'un sien oncle, don Luis Vigne, ancien officier de la garde de Charles X. Don Luis, après avoir résidé quelque temps aux îles Sandwich, était venu s'établir dans le Sud de la Californie, à Los Angelos, la Nice de la côte du Pacifique, au dire des habitants un peu enthousiastes. Il acheta une vaste propriété appelée l'Aliso, aujourd'hui englobée dans la ville, et fut un des premiers à s'occuper de la vigne, pour la cultiver sur une grande échelle. Sur la côte il était le seul à faire du vin, dont il trouva bientôt un débouché facile.

Don Pedro S., très aimé et populaire parmi les anciens Californiens peu accoutumés aux étrangers avant 1848, a eu dans ce pays-ci les plus belles chances de faire une très grande fortune.

Malheureusement, il n'a pas su prévoir la prospérité future de la Californie. Ce sens divinatoire est rarement le partage des Français à l'étranger.

Un des premiers il courut aux mines, dès que la nouvelle se répandit de la découverte de l'or sur la terre appartenant alors au général Sutter, près de Sacramento.

Avec une cinquantaine d'Indiens qu'il prit avec lui, il fit en peu de semaines une moisson du précieux métal à satisfaire amplement les désirs de tout homme. Il aurait pu facilement doubler ou tripler son magot, mais les maladies se mirent parmi ses Indiens et force lui fut de reprendre la route de la vallée de San José, où il vivait alors.

Un véritable Américain ne se serait jamais arrêté à pareil début, mais en ce temps-là les vieux habitants de Californie n'avaient pas d'ambition. La vie était si facile, les besoins existaient peu ou pas. Partout l'hospitalité la plus large était un bonheur pour celui qui pouvait l'offrir.

Enfin, la grande fortune n'est pas toujours une garantie de félicité complète, et don Pedro S. n'est pas mal partagé, lors même que de nombreux revers l'ont frappé depuis 25 ans.

Mais que dire du général Sutter, le premier auquel apparurent sur cette côte ces brillantes pépites dont la vue a le don de nous émouvoir tous?

Il a possédé non seulement le site actuel de la ville de Sacramento, la capitale de la Californie, mais encore tout le pays environnant.

Ses domaines étaient certainement de taille à pouvoir y découper facilement plusieurs principautés allemandes.

Dans ses cours d'eau et ses montagnes, il a fait recueillir assez d'or pour satisfaire aux besoins d'une liste civile.

Et de toute cette fortune que lui est-il resté?

Les terres, il les a données aux premiers venus, pièce par pièce. Son or a fui dans ses mains trop libérales.

Aujourd'hui il est pauvre. L'Etat de Californie fait avec mauvaise grâce une maigre pension à celui qui fut l'instrument indirect, mais bien marqué cependant, de la prospérité de cette côte du Pacifique.[1]

---

[1] Le général Sutter, de nationalité suisse, est mort récemment dans la Pensylvanie, où il résidait depuis de longues années. Un comité vient de se former à San Francisco pour recueillir des fonds et faire ériger une statue dans le grand parc de la métropole californienne, en l'honneur du général.

VI

SAN FRANCISCO

NOTES GÉNÉRALES

A tout prendre, San Francisco est une ville agréable à habiter.

Le climat est excellent, toujours tempéré. Bien rarement y rencontre-t-on de ces jours chauds si accablants sur la côte de l'Atlantique, et jamais de ces froids sibériens qui règnent dans l'Est à peu près sous les mêmes latitudes.

Le thermomètre touche parfois à 100° Fahrenheit (38° centigrades). Le gel y est presque inconnu, ainsi que la neige. Toute l'année le soleil brille dans un ciel parfaitement bleu, et la température est rafraîchie par la brise de mer qui s'élève vers les dernières heures du matin et tombe avec le crépuscule.

Cette brise, souvent trop fraîche même et désagréable, soulève au travers des collines sablonneuses des tourbillons de poussière et de sable, les pousse par les rues de la ville d'une façon fort incommodante. Aussi ne peut-on guère jouir de la promenade dans les environs de la cité, que de bonne heure le matin ou le soir, lorsque la pleine lune permet d'aller respirer l'air frais sur la route du « Cliff » conduisant à l'Océan.

Là les hurlements des lions de mer, auxquels l'Etat a réservé cette retraite sur les roches du Cliff, se mêlent au grand murmure des vagues qui viennent se briser sur les écueils de la côte, puis s'éteindre doucement sur une plage de sable.

Cette route du Cliff relie la ville à la grève de l'Océan et a été longtemps la seule promenade que San Francisco pouvait offrir à ses habitants.

Depuis quelques années, on s'occupe à créer un parc dans une vallée sablonneuse et stérile allant se terminer à la mer.

Ce parc, « Golden-Gate-Park », sera sans doute le plus grand attrait de la métropole californienne. Son établissement est même assez avancé pour permettre à la population d'aller respirer un air frais ailleurs que dans les rues Montgomery, Kearny, Market, les trois grandes artères de la ville.

On ne peut raisonnablement demander davantage d'une cité si jeune, bâtie sur le sol le plus ingrat que l'on puisse imaginer.

Le riche ne peut trop songer à se créer, dans les environs immédiats de San Francisco, une résidence d'été, où il puisse, au milieu d'une belle nature, dans un parc ombreux et abrité, se reposer des fatigues d'une vie toujours agitée. D'ailleurs l'Américain n'est guère enthousiaste de la campagne; la belle nature le laissera froid. S'il se bâtit une résidence, il préfèrera l'édifier dans la ville même, sur quelque terrain qu'il couvrira d'une immense construction en bois, dont l'architecture, d'un goût fort contestable, offrira les mêmes lignes que vous retrouverez dans une résidence voisine.

Quelques mètres de sol réservés autour de la maison feront trop souvent disparate par leur exiguité, avec la vaste étendue et l'imposante masse des constructions. Ce ne sera ni maison de ville, ni maison de campagne. A l'extérieur, sur une façade en planches, tout sera sacrifié à ce qui pourra frapper les yeux. Partout des enjolivements de tous styles. — L'intérieur, s'il offre un confort mieux entendu en ce qu'il aura de pratique, comparé au confort de presque toutes nos résidences d'Europe, sera cependant, dans ses détails d'ornementation, trop chargé et lourd dans les pièces de réception, et trop nu dans les appartements intimes.

Mais le « show » (la montre) est le grand bonheur des Américains. Il règne sans conteste dans leurs habitations princières, comme ils daignent les appeler; dans leurs équipages où l'or et l'argent excluent tout vil métal; dans la toilette des hommes, mais surtout dans celle des femmes, qui seront toujours lourdes, somptueuses et agrémentées de trop de bijoux et de diamants.

Le plus grand hôtel du monde est certainement le « Palace Hotel » de San Francisco, appartenant à l'un des princes de la finance californienne.

Cette construction a dû coûter 4 à 5 millions de dollars.

Si en France l'administration, qui veut avoir son mot en toutes choses, prend trop à cœur vos intérêts mêmes, trouve matière à règlements en tout, demande que tel pont, par exemple, soit construit de manière à supporter le globe, alors qu'il n'aura à subir que le poids d'une charrette de foin; si cette administration avait l'idée de se montrer plus coulante, elle pourrait venir apprendre dans ce pays-ci, où les tremblements de terre sont fréquents, comment il peut se rencontrer un millier de personnes assez téméraires pour aller se loger sous un toit et entre des murs de carton, dans un Palace Hotel construit sur un terrain rapporté.

Décidément, les Américains ne sont pas artistes. Ils aiment, je le reconnais, toutes les manifestations des arts et de la science. Ils protègent trop les architectes impossibles et les barbouilleurs de couleurs. Le temps leur apprendra sans doute à discerner entre le bon et le mauvais, à admirer moins les œuvres des soi-disant artistes, peintres ou sculpteurs, pour cette seule raison qu'ils sont Américains.

C'est peut-être se montrer un peu exigeant envers une nation qui n'en est qu'à son premier siècle d'existence et qui, dans cette période, a tant fait pour assurer son bien-être et son développement, qu'elle a dû forcément songer aux choses les plus immédiatement utiles, laissant aux générations futures mieux établies le soin de cultiver les arts.

Et d'ailleurs ils ont fait œuvre plus profitable et

méritoire. L'instruction a été répandue abondamment
sur le vaste territoire américain, et ce peuple a fait de
ses enfants des citoyens pensants et mieux préparés
que les nôtres à traverser, à combattre tous les événements de la vie.

———

La classe des rentiers existe peut-être moins en Californie que dans les autres Etats de l'Union-Améri-
caine. Non qu'il n'y ait grand nombre d'individus dont
les revenus fixes sont probablement plus considérables
que la moyenne des revenus en Europe; mais, quelque
riche qu'il soit, le Californien ne sait pas se reposer;
il faut qu'il brasse les affaires de finances ou de commerce. Les émotions lui sont absolument nécessaires,
et la fortune acquise est pour lui un levier pour en
édifier une plus grande encore.

C'est peut-être moins par ambition que l'Américain
cherche sans cesse à augmenter ses richesses, que
pour le plaisir qu'il trouvera à jouer, à courir de nouveaux risques et à pouvoir, dans quelque entreprise
qu'il mettra au jour, flibuster les capitaux d'autrui.

Ceci est une assertion un peu crue, mais exacte trop
généralement et que confirmeront tous ceux qui se
sont embarqués dans les affaires américaines, pour
peu qu'ils y mettent de la bonne volonté et ne se
paient pas d'apparences.

Prenez et examinez même l'existence de toutes les
affaires vraiment solides et payantes. Ceux qui les

mettent à la portée de la bourse du public se taillent la part du lion, ce à quoi il n'y a pas trop à redire. Mais ils trouveront toujours le moyen, même en face de l'opération du plus bel avenir, de manipuler l'entreprise de telle sorte qu'à un certain moment ils auront influencé leurs actionnaires au point de les pousser à vendre, afin de racheter d'eux en sous-main et ainsi à vil prix devenir seuls propriétaires de l'affaire.

Mais ces considérations, ces appréciations trouveront leur place au chapitre des entreprises industrielles et minières de la Californie.

VII

LA POPULATION FRANÇAISE EN CALIFORNIE

San Francisco est la ville la plus cosmopolite du globe. Toutes les nationalités des cinq parties du monde y possèdent quelques représentants. Vous y coudoierez le Turc et l'Egyptien, l'Arménien et le Persan, l'Indou et tous les types d'indigènes connus sous le nom de « Kanakes », peuplant les nombreux archipels de l'Océan Pacifique.

Les nationalités les plus nombreuses sont naturellement les Allemands et les Irlandais, puis viennent les Français et les Italiens.

Les Français comptent bien encore trois mille nationaux en ville et probablement le même nombre dans l'intérieur de la Californie et les contrées adjacentes : le Nevada et l'Orégon.

Vers 1850 à 1860, ce chiffre s'élevait à près de dix mille, mais cette partie de la Côte du Pacifique était alors dans l'ère de l'âge d'or.

Combien dans ce nombre sont parvenus à la fortune dans ce pays-ci, où cependant, avec la moindre prévoyance et quelque sens d'économie, il était dans ces temps déjà éloignés si facile de se constituer une belle aisance?

Bien peu assurément, au contraire des Allemands, race laborieuse, économe et constante dans ses efforts.

Et la plupart de nos nationaux, au lieu d'aller jouir dans la mère-patrie des fruits de leurs labeurs sur la terre étrangère, sont allés dans l'indigence reposer du dernier sommeil au milieu des sables du cimetière du « Lone Mountain » (montagne isolée, champ de repos principal à quelques milles de San Francisco), ou dans quelque coin reculé des montagnes californiennes.

Il faut d'ailleurs reconnaître que les émigrants français arrivés en Californie vers les premiers temps de la découverte de l'or, étaient bien peu propres à faire fortune dans un pays nouveau et presque inexploré. Au lieu de colons et de cultivateurs, la France avait déversé sur cette côte lointaine des gens sans aptitude au travail, sans métiers, des déclassés, des aventuriers, débris de la Garde-mobile des journées de juin 1848, ou gens enfiévrés par la loterie du « Lingot d'or ».

Tant que les placers et les mines d'or produisirent largement et facilement de quoi satisfaire aux besoins d'une vie tourmentée, tout alla bien.

Mais lorsqu'il fallut abandonner les mines, regagner la ville, et qu'il devint nécessaire de s'y créer quelques moyens d'existence, bien peu de ces Français surent s'ingénier et se procurer une occupation qui leur permit d'amasser en vue d'un avenir de moins en moins brillant.

Puis, si un peuple a été exploité par les faiseurs d'affaires américains, avec une facilité et une effronterie qui aurait dû cependant ouvrir les yeux aux plus naïfs, ce fut bien le Français. Ses maigres épargnes s'en allaient dans quelque entreprise impossible. Et sans s'avancer trop, l'on peut dire que beaucoup de ceux qui furent si souvent étrillés, sont encore disposés à courir les mêmes risques.

Le Français est plein de confiance, et une fois embarqué dans quelque affaire, de celles même qu'on peut appeler « affaires dans la lune », il saura moins promptement se retourner qu'un Américain, voire même un Allemand. Son amour-propre, son entêtement le porteront à nourrir une entreprise de laquelle aucun avenir ne peut raisonnablement être attendu.

Il a été si souvent brûlé, que peut-être deviendra-t-il un peu plus sage. Cependant la race des Jobards ne diminue guère.

Aujourd'hui, à la vérité, les choses ont pris une allure mieux ordonnée. L'épargne trouve des Banques et des Caisses dans lesquelles elle peut placer des fonds superflus. L'intérêt que ces établissements allouent aux dépositaires chaque semestre, quoique le taux aille en diminuant d'année en année, est encore fort convenable; et, point essentiel, le pécule de l'épargne est à peu près logé en lieu sûr. (Sauf, à la vérité, en la Banque française d'épargne, le seul établissement de ce genre à San Francisco qui ait fait un vilain fiasco en 1879. Depuis, cette banque s'est reconstituée sur des bases plus sages.)

Beaucoup de Français, sans doute, sont retournés dans leur pays d'origine avec une certaine aisance, à laquelle ils n'auraient guère pu prétendre en restant sur le sol natal.

Mais nombreux sont les anciens Californiens qui, après quelques années de séjour en France, sont revenus à San Francisco dans la pensée d'y vivre leurs derniers jours.

Il leur manquait sur le Vieux-Continent cet air de liberté, d'indépendance, mais surtout d'égalité, que l'on respire aux Etats-Unis; cette vie sans gêne dans un milieu où les conventions sociales sont excessivement adoucies, où le riche ne constitue pas une caste à part, mais sait frayer avec celui auquel la fortune a moins brillamment souri.

Ne cherchez pas chez le Français par delà les mers cette aptitude à coloniser, qualité distinctive de l'Anglais et surtout de l'Allemand.

L'on peut cependant faire une exception en faveur des Alsaciens et des Basques.

Cela tient probablement à ce que les premiers ont des habitudes qui les ont toujours rapprochés de la race germanique. Quant aux seconds, leur pays des Pyrénées les voue à une existence si rude et si peu profitable, que tout changement de résidence doit leur paraître préférable, et que les regrets de s'expatrier sont chez eux sensiblement affaiblis.

Les Alsaciens en Californie, exception faite des juifs, qui forment les trois quarts des représentants de l'Alsace en Amérique, ont généralement réussi dans les travaux de la terre.

Les Basques se sont voués à leur occupation favorite, celle de l'élevage des bestiaux et des moutons. Grâce à leur frugalité proverbiale, ils sont tous arrivés, en une période de temps relativement courte, à posséder des troupeaux et des « Ranchos » (grandes fermes de pâturages). Leurs fortunes comptent parmi celles des gros propriétaires-terriens de la Californie. Ils ont d'ailleurs pour eux cette facilité de parler l'espagnol, dont leur patois basque n'est guère qu'une corruption, et vivant au milieu des Californiens, Mexicains, de l'intérieur, dont la principale occupation est l'élève des animaux, ils ont pu aisément y poursuivre leur vocation et souvent acquérir les plus beaux domaines des natifs toujours nécessiteux.

Aujourd'hui, le plus grand propriétaire-terrien de la Californie est un Alsacien, M. Lux.

Arrivé dans ce pays presque sans ressources, ayant débuté comme petit boucher, il est actuellement à la tête de 7 à 800,000 acres de terre (l'acre est un peu moins d'un demi-hectare), distribués dans tout l'Etat, et sur lesquels sont élevés d'immenses troupeaux de bœufs et de moutons. — Ces troupeaux, venant parfois de 3 à 400 milles dans l'intérieur à destination du marché de San Francisco, trouvent toujours le soir, après une journée de marche, quelque rancho appartenant à M. Lux, sur lequel ils peuvent paître et se refaire pendant la nuit des fatigues du jour précédent.

Dans cette grande quantité de terres, quelques ranchos ont une valeur de vingt à quarante dollars l'acre, voire même, dans les environs de San Francisco, de 200 à 400 dollars l'acre.

L'exploitation de ces vastes territoires, l'élève de quelques centaines de mille bœufs et moutons destinés à l'alimentation des habitants de San Francisco, réclament toute une administration. Le personnel employé toute l'année par M. Lux est de plus de mille individus.

Cette fortune princière, malgré tous les tracas que sa bonne direction entraîne, ne satisfait cependant pas l'ambition d'un homme dont les goûts d'ailleurs sont fort simples. M. Lux est toujours disposé à augmenter ses domaines. Aussi peut-on assurer que, dans un temps qu'il verra sans doute, car il n'a pas de beaucoup dépassé la cinquantaine, sa fortune réalisable atteindra au chiffre des plus grandes fortunes d'Amérique et d'Europe.

C'est sans contredit un sérieux obstacle au développement de la Californie par l'immigration des cultivateurs, que la plus grande partie des bonnes terres de l'Etat soit en la possession de quelques individus, confiants dans l'avenir réservé à cette partie de la côte du Pacifique et ne voulant ni vendre ni diviser leurs propriétés.

L'émigrant qui veut se fixer en Californie et se vouer à l'agriculture trouve actuellement un maigre choix

à faire parmi les terres appartenant encore à l'Etat et
dont le prix d'achat est relativement très-abordable.
Il devra se résoudre à les aller choisir, soit dans les
montagnes, loin des voies de communication, soit
dans les plaines sablonneuses, où toute végétation est
à la merci de la plus ou moins grande abondance des
pluies d'hiver.

VIII

LE COMMERCE FRANÇAIS EN CALIFORNIE

DU PEU D'INFLUENCE DE L'ÉLÉMENT FRANÇAIS DANS LA VIE PUBLIQUE DU PAYS

Le commerce français à San Francisco est en somme assez pauvrement représenté.

Dans la finance, on trouvera encore quelques établissements offrant de la consistance; mais le négoce proprement dit ne fait guère honneur aux aptitudes commerciales de la France.

Tandis que nombre de maisons américaines, ou anglaises, ou allemandes, s'élèvent et prospèrent par le commerce d'exportation des produits de la Californie, pour les marchés-de l'Est, de l'Europe et de l'Asie, opèrent tout ce grand mouvement d'exportation d'une récolte de céréales exigeant chaque année le transport de 5 à 600 navires de mille tonneaux chacun; à peine les maisons françaises de San Francisco arrivent-elles à charger 4 ou 5 navires par an. Et encore n'est-ce pas une opération due à leur initiative ou à leurs risques, ni même à leurs encouragements.

Ce que ces quelques maisons françaises, dont le crédit d'ailleurs n'est pas fort étendu, entreprenaient il y a 25 ans, elles le font encore aujourd'hui : c'est l'importation pure et simple des vins français, des conserves alimentaires, des « délicatesses de bouche » dont la France a presque le monopole exclusif de fabrication. — Marchands de vins elles ont été, marchands de vins elles resteront, laissant au négoce des autres nations champ libre pour exploiter les productions de la côte du Pacifique nord.

Le Français, en dehors du sol natal, n'a guère le génie du commerce.

L'ambition de parvenir à la fortune par le commerce n'est pas un desideratum aussi commun chez nous que chez les peuples voisins. Le sol de la patrie tient trop aux talons des jeunes gens ayant quelques ressources, pour qu'ils soient tentés d'aller en pays étranger chercher les moyens d'augmenter leur patrimoine. Le Français qui s'expatrie, est trop souvent celui qui n'a rien et ne sait rien.

Autant l'Allemand et l'Irlandais, lorsqu'ils ont mis le pied aux Etats-Unis, s'identifient promptement aux mœurs, aux habitudes de leur pays d'adoption, en apprennent la langue et renoncent facilement à toute idée de retour dans la mère-patrie, autant le Français se réserve, cherche à vivre au milieu de ses compatriotes, est indifférent à apprendre l'anglais et à se lier avec les Américains. En Californie, ils ont dès l'origine formé comme une population à part, vivant autant que possible de la vie de France, et ne connaissant guère que le parler de leur enfance. Il y a vingt-cinq ans, le nombre des Français en Californie était assez considérable pour que leur existence ait laissé beaucoup de traces parmi les Américains. Aussi voit-on ce fait assez singulier de Français qui y sont établis depuis 1849 ou 1850, sachant l'anglais si imparfaitement que beaucoup d'Américains préfèrent converser avec eux en français.

Dans un pays comme les Etats-Unis, où la vie politique est d'autant plus pratiquée que les divers partis se font la guerre uniquement pour obtenir le plus grand nombre de places du gouvernement fédéral ou de l'administration de l'Etat; — où les intérêts et la fortune des particuliers sont favorisés ou simplement protégés, selon que le pouvoir est aux mains du parti républicain ou bien aux mains du parti démocratique; — il a été assez naturel que les ressortissants de telle ou telle nationalité, les Allemands, les Irlandais, par exemple, se soient groupés pour faire triompher leurs candidats aux élections, surtout dans l'administration municipale.

Le Français ne s'en occupe nullement.

Bien rares sont ceux qui se font recevoir citoyens américains, lors même que cet acte ne compromet point leurs droits à la nationalité française.

Et ceux qui se font admettre à la nationalité américaine ne s'y décident que parce que le bien de leurs affaires le demande absolument.

Cette indifférence est regrettable et certainement préjudiciable à la population française. Les Américains sont portés à la considérer comme un clan à part, comme un groupe d'étrangers dans un pays encore peu peuplé et où la coopération de chacun, en se faisant sentir dans la vie politique, devient utile pour amener une augmentation de prospérité et d'influence générale.

IX

LA POPULATION CHINOISE

San Francisco, en 1868, comptait à peine 150,000 habitants. En 1880, la population s'élève à près de 300,000 âmes, dont probablement 50,000 Chinois.

Il est fort difficile d'évaluer avec quelque certitude le nombre de ces peaux-jaunes. — Ils vivent entassés, comme des harengs dans un baril, et le plus souvent ils n'ont pas de domicile fixe.

C'est à leur adresse que la municipalité a passé une ordonnance prescrivant que tout habitant ne peut se loger en un espace de moins de cinq cents pieds cubes d'air. Mais cette ordonnance est lettre morte pour les Chinois.

Parfois la police opère quelque razzia. C'est à recommencer le lendemain. D'ailleurs les agents de l'autorité savent se faire payer par les propriétaires de caravansérails à l'usage des Mongoliens et ferment les yeux à la plupart des contraventions.

Dans des chambres si exiguës qu'un blanc aurait crainte d'être asphyxié, faute d'air respirable, vous trouverez quinze ou vingt Chinois couchés les uns à côté des autres ou les uns sur les autres, dans des couchettes représentant autant de tiroirs d'un meuble.

Cette promiscuité, cette vie en dehors de toutes les règles de l'hygiène, expliquent la fréquence des maladies contagieuses qui, parfois, font de grands ravages à San Francisco.

Les fièvres typhoïdes, la petite vérole, ont un caractère de malignité inconnu en Europe; l'on peut, à coup sûr, toutes les fois qu'elles se présentent, retrouver leur origine dans le quartier chinois, où la lèpre et la peste ne disparaissent jamais.

Et ce quartier chinois, situé dans la partie la plus habitée de la ville, menace d'envahir les rues principales.

Tout cela faute d'ordonnances municipales au début de cette invasion mongole. Avec un peu de prévoyance en face de cette immigration, à laquelle d'ailleurs on ne cherchait guère à s'opposer dans le principe, les édiles auraient dû assigner à la race tartare un quartier de la ville entièrement en dehors des communications journalières et bien éloigné des habitations des blancs, avec lesquels d'ailleurs ils diffèrent si absolument de manière de vivre.

Mais non; par négligence, imprévoyance, ou par suite de vues intéressées, on a permis aux Chinois de s'implanter au beau milieu de la ville.

Petit à petit, ils ont pris possession d'un quartier jadis fort populeux où résidaient principalement les Français, les Italiens et les Mexicains.

Pour en chasser la race blanche, ils n'eurent qu'à

offrir aux propriétaires des immeubles dans cette partie de la ville des prix d'achat exorbitants ou des loyers que des entrepreneurs chinois seuls peuvent payer. Les hôtels, résidences particulières, ont été par eux transformés en logements pour leurs compatriotes. Et là où cinquante locataires suffisaient amplement à remplir une maison, vous trouverez, pour peu que le courage et le cœur vous permettent d'y entrer, 500 à 600 Chinois grouillant dans une atmosphère pestilentielle.

Dans un caravansérail de cette espèce, ils rencontrent à peu près tout ce qui peut les tenter ; depuis le restaurant au lupanar, en passant par quelqu'une de leurs églises ou de leurs maisons de jeu.

———

Depuis quelques années, mais dans ces temps derniers surtout, le sentiment public cherche à combattre cette immigration chinoise.

Le peuple américain s'occupe, auprès de la législature de l'Etat et auprès du gouvernement central à Washington, à procurer l'abrogation du traité de Burlingham, négocié il y a quelque 10 à 12 ans avec les ministres de l'Empire du Milieu, et en vertu duquel toute liberté est accordée aux Américains de vivre en Chine et aux Chinois de venir s'implanter aux Etats-Unis.

Malheureusement, l'émigration du Céleste-Empire pour le continent américain a un caractère tout particulier et qui choque vivement les idées de liberté si communes aux citoyens des Etats-Unis.

Sur les mille Chinois qui débarquent ou débarquaient chaque mois à San Francisco, on ne trouverait pas certainement dix individus qui ne soient des esclaves, sinon des engagés-coolies, que les six grandes compagnies chinoises, ayant leur siège à San Francisco et leurs représentans à Hong-Kong, à Shanghaï, à Macao, importent sur la côte du Pacifique.

Ces coolies sont ici pressurés de toutes manières, jusqu'au moment où ils ont pu satisfaire aux exigences de leurs propriétaires. Et encore dépendent-ils toujours plus ou moins, lors même qu'ils se sont rachetés par un labeur de quelques années, des compagnies qui les ont fait venir dans ce pays.

Ce n'est pas la traite des noirs, mais peu s'en faut.

Les compagnies chinoises n'enlèvent pas de force leurs malheureux compatriotes; mais, le procédé à part, l'esclavage ou une dépendance extrême attendent le pauvre coolie à son débarquement à San Francisco.

Bien entendu, les compagnies chinoises se défendent mordicus de suivre de pareils errements. A les en croire, elles ne sont que des sociétés de bienfaisance en faveur de leurs compatriotes malheureux.

Mais le mensonge a de fervents disciples dans ces fils de Confucius. Pour peu ou prou, ils vous feront tous les faux serments désirables, lors même qu'ils auront à les faire sur le corps d'un coq fraîchement décapité.

Quantité de sociétés anti-coolistes se sont organisées en Californie, afin d'entraver cet envahissement mongol. Les Irlandais surtout se montrent zélés dans la recherche des moyens de réduire cette immigration.

Devant ce mouvement de l'opinion publique, qui, au moindre incident, pourrait dégénérer en un massacre des Peaux-Jaunes par l'écume de la population californienne, les compagnies chinoises veulent se soustraire à la responsabilité d'importer des coolies. Elles ont télégraphié sur tous les tons à leurs agents en Chine d'empêcher l'expédition aux Etats-Unis de nouveaux tartares. Il en arrive toujours, en moins grand nombre, il est vrai, mais combien de temps cette abstention durera-t-elle?

Il faudra sans doute en venir à abroger le traité Burlingham. Mais si la Chine défendait, ou tout au moins mettait obstacle à la libre résidence des Américains en Chine, quels cris s'élèveraient dans les Etats-Unis et que d'embarras l'on trouverait à susciter à ce pauvre Fils du Ciel, qui doit se soucier fort peu de ses sujets à l'étranger, surtout de cette pitoyable classe de sujets que les rivières et les bas-fonds de la population du Céleste Empire fournissent à l'Amérique.

Au surplus, les idées anti-coolistes ne sont guère prônées que dans la classe ouvrière blanche. L'intérêt des classes indépendantes n'est certes pas de mettre des entraves à la venue de tous les Chinois de l'Empire du Milieu. Et l'expérience a démontré à ceux qui ont eu à employer des Peaux-Jaunes, que rarement des plaintes sérieuses sont portées à propos de leur travail et de la somme de travail que l'on peut raisonnablement attendre d'eux.

Dans la mesure des gages qu'on leur alloue et relativement au prix qu'il faut payer aux Irlandais pour la main d'œuvre ordinaire, l'on trouve avantage à employer des Chinois et l'on en retire plus de satisfaction.

En thèse générale, exiger d'eux des travaux pour lesquels la force physique est de première nécessité, serait très peu pratique. Le Chinois se nourrit mal, d'ailleurs très sobrement. Le poisson qu'il mange presque exclusivement avec du riz, le tout arrosé de thé, ne constitue pas une alimentation calculée pour lui donner des muscles d'acier; mais l'on rencontre chez lui toute docilité, une grande intelligence à se tirer d'affaire, lorsqu'une première fois le travail lui a été expliqué. C'est un instrument passif. Il ne cherche pas à faire mieux ou autrement que vous lui avez montré à le faire, mais au moins il sera constant à sa tâche, il ne boira pas et il ne voudra pas être plus maître que celui qui l'emploie.

Demandez ces simples qualité à un Irlandais !... et c'est la nation qui fournit ici le plus grand nombre de travailleurs !

Outre que vous aurez à le payer au double de la rétribution donnée à un Chinois, vous n'obtiendrez qu'un travail irrégulier. Vous aurez à vous défendre contre l'influence du whisky et du sentiment toujours trop prononcé chez l'Irlandais, qu'habitant un pays

libre, il doit être libre de travailler peu, tout en réclamant de forts gages.

En ville, le métier le plus ordinaire du Chinois est
celui de blanchisseur.

Dans presque toutes les rues l'on rencontre plusieurs blanchisseries, dont les propriétaires et les employés sont Chinois. Ils font leur travail à moitié prix
de celui des blanchisseries américaines et françaises,
et leur clientèle est tout aussi nombreuse parmi les
blancs, quoique, à vrai dire, ils vous en donnent pour
votre argent; mais en Amérique l'économie ne se rencontre guère sous les mêmes formes qu'en Europe.
L'on vit tellement au jour le jour, qu'il importe moins
que la durée de tous les articles de toilette, par exemple, soit longue, pourvu que la dépense immédiate
soit moins forte.

Puis, les Chinois sont employés comme domestiques
dans presque toutes les maisons. Ce sont généralement des jeunes gens, que l'on dresse facilement à
prendre soin de l'intérieur des habitations, à faire les
commissions, à arroser les jardins toujours peu res-
pectés par la poussière.

Ces domestiques sont essentiellement fidèles et at-
tentifs, pour peu qu'on les traite convenablement,
mais surtout s'ils sont assurés que leurs gages leur
seront payés régulièrement. C'est là leur grand souci,
car tous ces Chinois sont d'effrénés joueurs. Leur travail terminé, chaque soir, mais le samedi surtout, ils
vont risquer leur maigre pécule dans quelque tripot
tenu par leurs nationaux ou tenter leurs chances dans

les loteries dont le tirage se fait à peu près tous les soirs.

L'on compte certainement autant de Chinois dans l'intérieur de la Californie qu'à San Francisco. Là aussi, dans les petites villes, vous les retrouvez blanchisseurs ou domestiques. Quelques fermiers les emploient sur leurs terres, tout au moins autour des habitations. Cependant, depuis le mouvement anti-cooliste, il est à supposer que beaucoup de fermiers, sous le coup de certaines menaces, se privent maintenant de la main-d'œuvre chinoise.

Partout ces Peaux-Jaunes affluent là où un chemin de fer est en construction, où quelques digues dans les vallées basses sont nécessaires pour protéger les contrées environnantes ou pour amener à la culture soit une île, soit des terres marécageuses submergées pendant la saison des pluies.

C'est grâce au travail chinois que la Californie est aujourd'hui dotée de nombreuses lignes ferrées, rayonnant de tous côtés vers San Francisco.

Sans les Chinois, jamais «l'Overland railroad» (le chemin de fer transcontinental), ouvert au trafic depuis douze ans entre l'Océan Pacifique et l'Océan Atlantique, n'aurait été construit aussi rapidement. Où aurait-on trouvé assez d'ouvriers blancs, à des prix raisonnables, pour bâtir dans les plaines du Nevada et du côté du Grand Lac Salé des étendues de quatre à cinq milles de voie ferrée par jour?

Là où le mineur américain a bouleversé les placers d'or, les a abandonnés, parce que son travail quotidien ne lui rapportait plus que 4 à 5 dollars, l'on peut voir quelque camp chinois reprenant l'œuvre des blancs et se contentant de tirer du lavage des graviers un ou deux dollars de poudre d'or chaque jour.

Le mineur chinois ne travaille guères que dans les placers. On le voit rarement employé dans les exploitations de mines de quartz ou dans les mines d'argent, dans lesquelles le minerai doit parfois être extrait à 1000 ou 2000 pieds de profondeur.

Ce nivellement des prix de main-d'œuvre par l'introduction du travail chinois a été, en somme, d'un grand bien pour la Californie. Quelle industrie aurait pu se fonder dans le pays, s'il avait fallu payer les gages d'autrefois : 4 à 6 dollars par jour ?

Et si la côte du Pacifique ne se sent plus aujourd'hui tributaire, pour nombre d'articles fabriqués, des manufactures de l'Est ou d'Europe, l'on peut bien en inférer que le bien-être général a augmenté.

———

Le Chinois ne peut prétendre à devenir citoyen américain, malgré l'amendement à la Constitution qui reconnaît ce droit aux nègres.

Ces derniers, à la vérité, sont faits à la vie américaine, car ils sont presque tous nés aux Etats-Unis.

Valent-ils mieux que les Chinois ?

C'est une question controversable. En tous cas, ils n'ont pas en général le bon sens et l'intelligence de la race mongole.

Nous avons aux Etats-Unis trois races inférieures :

l'Indien (le Peau-Rouge comme il est de mode de le baptiser), le nègre, le Chinois.

L'on fait des citoyens américains des deux premières races et l'on refuse les mêmes droits aux Chinois, dont sont peut-être descendus les premiers habitants de ce vaste continent.

La version est aujourd'hui assez généralement admise et quelques indices dans les légendes du Céleste-Empire offrent certaine confirmation à ce dire : que la race des Indiens, dans l'Amérique du Nord, tire son origine d'une émigration mongole, venue s'échouer, dans un âge reculé, sur la côte du Pacifique et même sur une partie de la côte mexicaine.

Cette version ne pourra pas sans doute être élucidée. La race des Peaux-Rouges, des Indiens, n'a jamais formé une nation, mais bien une multitude de tribus, ayant peu de rapports entre elles, si ce n'est pour s'entre-détruire.

Aussi ne peut-on rencontrer dans cette race aucune légende des anciens âges. Et ce serait très vraisemblablement un travail de bénédictin, que celui de rechercher dans le chaos des anciens écrits chinois quelque rapport un peu authentique ayant trait à une émigration tartare ou mongole sur la côte américaine.

Il reste toutefois ce fait assez bien établi, que les Chinois habitant dans les montagnes de Californie et dans le Nevada, arrivent assez facilement à se faire comprendre des Indiens, dont le langage a beaucoup d'analogie avec le charabia des habitants du Céleste-Empire.

X

THÉATRES AMÉRICAINS ET CHINOIS

LES FUMEURS D'OPIUM

Cinq théâtres, sans compter quelques « Halls » (grandes salles) louées pour des représentations diverses, attirent tous les soirs le public de San Francisco.

Il y en a pour tous les goûts; depuis les « Minstrels », les comédies, le drame, au grand opéra.

Si Aimée, avec sa troupe française d'opéra-bouffe, ne fait guères son apparition, si fêtée ici, que tous les deux ans, quelque compagnie américaine, s'efforçant à rendre notre musique légère et à imiter la pétulance de nos artistes, vient remplir les intermèdes avec plus ou moins de succès, mais assurée toujours d'une bonne moisson de dollars.

De temps à autre, quelque étoile de première grandeur, en cours de tour du monde, nous consacre quelques soirées, ainsi que l'ont fait Mesdemoiselles de Murska et de Belloca.

Mais, jusqu'ici, il n'y a pour ces artistes que la ressource de donner quelques concerts. Elles ne peuvent guère prétendre, avec les éléments que San Francisco possède, à composer une troupe passable et à nous gratifier d'une saison d'opéra.

Le quartier chinois a son théâtre également. Les blancs s'y aventurent parfois pour satisfaire leur curiosité. Mais inutile de songer à y tenir pendant toute une soirée, tant est épouvantable le vacarme de tous les instruments incongrus employés par les enfants du Céleste-Empire dans la représentation de leurs pièces comico-dramatiques, sans queue ni tête, se débitant du premier au dernier jour de l'an dans le développement d'un même sujet.

Comme il est d'usage, en sortant des théâtres américains, d'aller prendre des glaces ou manger des huîtres, vous pourrez, en quittant la salle chinoise, vous rendre dans l'un de leurs restaurants les mieux hantés et vous faire servir, avec une tasse de thé, quelqu'un de leurs mets impossibles, accommodé à la graisse de chien ou de poisson.

Et pour terminer la soirée, faites un tour, mais non en qualité de consommateur, dans quelque retraite chinoise où l'on fume l'opium.

L'aspect des fanatiques de ce produit vous enlèvera d'ailleurs bien certainement toute envie de les imiter, et l'odeur de l'opium vous fera sans doute reculer jusqu'à la porte.

Cet écœurement n'est malheureusement pas éprouvé par beaucoup de blancs et de femmes blanches, dont les appétits dépravés vont chercher dans ces retraites satisfaction à un nouveau vice. Le sommeil les étreint

dans ces bouges, pêle-mêle avec des Chinois malpro-
pres et hébêtés comme eux par l'abus du narcotique.

La police pourchasse ces boui-bouis chinois; l'autorité impose une condamnation sévère à tous ces fu-
meurs enragés. Mais la punition n'a pas d'effet; car
ce vice devient trop promptement enraciné et, ainsi
que dans l'ivrognerie, toute dignité humaine dispa-
raît.

XI

LES INDIENS

La question indienne, si vivace d'ailleurs aux Etats-Unis, va se simplifiant chaque année, par l'extermination des malheureux aborigènes.

Le gouvernement, sans bien entendu l'avouer, recourt autant que possible à ce moyen radical. Car tout en ne montrant pas ses griffes contre les tribus indiennes, le pouvoir fédéral s'ingénie peu à défendre à ses agents subalternes d'exaspérer, par des traitements inhumains, les tribus que ces agents ont charge de nourrir et de protéger.

La loi défend expressément la vente aux Indiens de toutes liqueurs fortes, d'armes et de munitions de guerre.

Où a-t-on vu que cette loi fût vraiment observée?

Le mauvais whisky et les maladies trop souvent engendrées par les blancs déciment rapidement la nation indienne. Et la vente des armes, dont les sauvages ont appris les effets meurtriers, se fait presque ouvertement, tolérée peut-être qu'elle est, en vue d'encourager chez les Indiens le goût, la tentation à la révolte.

Le gouvernement a alors beau jeu et raison plausible pour pratiquer quelque bon massacre de la tribu révoltée.

Les Indiens de Californie n'ont jamais été fort turbulents, sauf dans le nord, aux confins de l'Orégon, où les Modocs, malgré leur nombre si restreint, ont donné tant de peine aux troupes américaines ; les diverses tribus sur la côte du Pacifique ont rarement arboré le drapeau de la révolte.

La direction leur a sans doute fait défaut, et d'ailleurs, toujours engagées entre elles dans des querelles intestines, il a manqué à ces tribus l'union nécessaire pour s'opposer aux empiétements de la race blanche.

Puis, en Californie, les Indiens, encore assez nombreux il y a trente ans, avaient été avant cette époque sous l'influence active des missionnaires espagnols et mexicains ; des prêtres occupent les nombreuses missions établies sur la côte du Pacifique depuis plus d'un siècle. Traités humainement, beaucoup de ces sauvages ont accepté la religion chrétienne ou, à tout le moins, ils se sont rattachés aux missions qui les employaient à défricher le pays et aux travaux divers de la campagne.

En somme, pour ces Indiens, quelque effort de civilisation a été tenté. Si tous ne l'acceptaient pas, au moins la connaissaient-ils et apprenaient-ils à la respecter.

Plus tard, lors de la découverte de l'or, les montagnes californiennes ont été envahies par les mineurs, par les aventuriers. Les « rancherias » (camps-villages) des malheureux Indiens ont été partout forcés. La chasse au Peau-Rouge fut largement pratiquée par des envahisseurs pleins de brutalité. Combien de ces Indiens sont tombés sous la balle des rifles, ou sont morts par le whisky de fantaisie avec lequel les blancs récompensaient leurs services?

Aujourd'hui, l'on peut dire que l'Indien a presque disparu de la Californie.

Dans le Nord et dans les comtés du Sud, l'on rencontre encore quelques « rancherias » et quelques « réserves » (terrains mis à part par le gouvernement fédéral en faveur des tribus indiennes), sur lesquelles quelques centaines de malheureux sauvages sont obligés de vivre sous la protection équivoque des lois américaines. Sur ces réserves, le gouvernement octroie aux Indiens quelques couvertures et des rations, car trop fréquemment ils ne veulent pas entendre parler de cultiver les terres. La même politique existe d'ailleurs partout aux Etats-Unis à l'égard des Indiens.

Il n'est pas facile, il faut le reconnaître, de civiliser ces enfants du désert, aussi y renonce-t-on généralement.

Dans cinquante ans d'ici, avant sans doute, du train dont la race caucasienne avance dans le « Far-West » et s'y implante, surtout dans la partie à l'Ouest des Montagnes-Rocheuses, de l'Orégon à la Sonora du Mexique, toutes les tribus indiennes seront subjuguées et devront se soumettre sans espoir à cette vie matérielle et misérable que la civilisation leur apporte et

dont le résultat inévitable sera la disparition, sur tou
le continent de l'Amérique du Nord, des derniers re
présentants de la nation indienne.

XII

L'ÉLÉMENT CRIMINEL A SAN FRANCISCO ET LA POLICE

LES « HOODLUMS » — LES « GARROTTEURS »
LES VOLEURS DE DILIGENCES

La métropole californienne n'a jamais eu la réputation d'une ville de mœurs paisibles. La sécurité publique n'y a, en aucun temps, été des plus grandes.

Dans les premières années de son existence, les comités de vigilance se chargèrent à plusieurs reprises de balayer la place de fort mauvais gredins, toujours disposés à jouer du couteau ou du revolver. On en pendit sommairement cinq ou six, ce qui fit prendre la fuite à quelques douzaines d'autres ne valant guère mieux. Ils revinrent bien à San Francisco, mais peu à peu ils disparurent dans quelques bagarres.

Ce fut le sort, entre autres, de deux de ces bandits, la frayeur de la population. Le premier fut abattu à coups de carabine par la police, dans un hôtel où il s'était réfugié et barricadé, après avoir tué deux hommes, sans préjudice de ceux qu'il blessa en tiraillant par les fenêtres. — L'autre fut assassiné en pleine rue par un « Gambler » (joueur de profession), sans raisons bien plausibles. Avant de rendre l'âme, il priait les assistants de vouloir bien lui retirer ses bottes. C'était ce dont uniquement il s'occupait à sa dernière heure. C'est une superstition, parmi ces mauvais chenapans, que de ne pas mourir les bottes aux jambes, car alors on peut supposer qu'ils n'ont pas succombé à une mort violente.

Les comités de vigilance rentrèrent plus ou moins dans l'ombre, la police ayant enfin paru disposée à remplir ses devoirs.

Ce n'est pas qu'à plusieurs reprises l'on n'ait songé à rétablir ces comités, lorsque la police, par exemple, se montrait impuissante contre les garrotteurs, et tout récemment pendant le grand mouvement gréviste qui a saccagé la gare de Pittsburg, en Pensylvanie, causé beaucoup de troubles à Chicago et menaçait d'éclater en Californie.

Il s'est formé à San Francisco un grand parti, composé d'ouvriers sans ouvrage ou trop paresseux pour en chercher, et de l'écume de la population, à la tête duquel se trouvent quelques ambitieux. Ce parti semble s'agiter sous le couvert d'une opposition violente contre les Chinois, mais, en réalité, il est travaillé par les plus mauvaises passions démagogiques et le socialisme le plus pur. Sans doute il n'a pas de racines bien profondes et, selon toutes apparences, il finira par s'écrouler, car il sait qu'il n'a aucune bonne chance à user de l'émeute. Il serait vite écrasé. Les chefs de ce parti ne demandent d'ailleurs qu'à se vendre.

Mais San Francisco possède tout particulièrement une classe de malfaiteurs de la pire espèce, que la police et la loi sont le plus souvent impuissantes à punir selon qu'ils le méritent.

Voilà bien des années que cette confraternité de jeunes bandits existe et brave tout. Elle devient si nombreuse qu'à chaque pas dans la rue l'on coudoie ses adeptes, et que les habitants, un jour ou l'autre, ont à souffrir de leurs délits.

Cette confraternité comprend les « Hoodlums », mâles et femelles.

Ce sont les vauriens, les mauvais sujets, depuis l'âge de 14 à 18 ou 20 ans.

Dans les grandes villes d'Europe, cette classe se recrute d'enfants perdus, sans aveu, sortis du ruisseau, abandonnés par leurs familles. Dès leur bas âge, ils ont eu devant les yeux le spectacle de tous les vices.

Le « Hoodlum », au contraire, a presque toujours sa famille à San Francisco même. Ce sera le fils de quelque ouvrier ou de quelque petit boutiquier. La plupart appartiennent à la race irlandaise. Il vit ou aura vécu sous le toit de ses parents, jusqu'au moment critique, si tôt arrivé aux Etats-Unis, où le jeune homme veut déjà participer aux mauvaises habitudes, à tous les vices de ses aînés.

Tous certainement n'auront pas reçu dans leurs familles le meilleur des exemples. Ils auront assisté au spectacle journalier de l'ignoble ivrognerie de leurs pères et mères et à ce débraillé accompagnement ordinaire de ce ravalement de la race humaine. Mais enfin, ils n'auront jamais été livrés complétement à eux-mêmes, et l'instruction, sinon l'éducation, qu'ils auront reçue, devrait les détourner de la voie dans laquelle ils s'engagent de bonne heure.

Enfants encore, ils secoueront toute autorité de leurs parents pour aller vivre de la vie de la rue et s'associer avec leurs aînés dans tous les méfaits à commettre, depuis le vol à l'assassinat.

Le « Hoodlum » s'accoquine à quelque fille de son âge, dont les goûts seront tout aussi dépravés, et qui l'aidera activement à accomplir tous les crimes qu'ils pourront combiner.

La police ose à peine sévir, craignant plus cette classe de vauriens que les malfaiteurs endurcis qui pullulent en ville et ont sans doute purgé de nombreuses condamnations dans le pénitencier de l'Etat, à Saint-Quentin, de l'autre côté de la baie de San Francisco.

Et l'autorité qui aura à les condamner n'a pas, vu le jeune âge des prévenus, les moyens de les punir assez radicalement.

Le « Hoodlum » se tient toujours en compagnie de quelques-uns de sa clique. Ils attaqueront de jour et de nuit les habitants paisibles rentrant à leur domicile, chercheront à outrager les femmes, feront irruption dans quelque magasin, dans quelque buvette, se feront servir de force, car le propriétaire n'osera pas leur refuser ce qu'il sait par avance ne devoir pas lui être payé. S'il refuse, son magasin sera mis au pillage, saccagé, et lui-même aura de la chance s'il n'est pas roué de coups.

C'est moins peut-être par désir de voler que par plaisir de commettre le mal, que le «Hoodlum» se rend coupable de déprédations de toutes sortes. Rien ne l'arrêtera; son bonheur sera d'en arriver à quelque bagarre dans laquelle, à dix contre un, il aidera à assommer ou déchirer ses adversaires.

Presque toujours armés, qui de couteaux, qui de revolvers, de casse-têtes, ces jeunes bandits se servent de leurs armes et tueront sous le plus futile des prétextes.

Ces faits se reproduisent presque journellement.

Les Chinois inoffensifs sont, comme bien on le pense, leurs victimes de prédilection. Sans cesse ils les pourchassent, les assomment à coups de pierre, ou les lardent à coups de couteau.

Que vous, passant, révolté de ces scènes de lâcheté, vous vous portiez à la défense du faible, mal vous en arrivera. Toute la troupe des « Hoodlums » s'acharnera sur vous et vous ne sortirez pas sans horions d'une rixe, que la police, survenant toujours trop tard, aurait au surplus quelque peine à réduire.

Ces vauriens ne craignent guères la police et lui feront un très mauvais parti, toutes les fois qu'ils seront en force.

Le passant attaqué n'a pas de meilleure alternative que de se servir de ses armes, lorsqu'il est armé, ce qui n'est plus d'usage général, non pas par condescendance pour la loi qui prohibe le port d'armes cachées, mais parce que chacun peut se croire à peu près en sécurité dans une ville comme San Francisco.

La police fait régulièrement quelque razzia de ces « Hoodlums », mais il y en a tant! et la police compte à peine 150 agents réguliers pour le service d'une ville de 300,000 habitants, répartis sur un vaste territoire en grande partie encore à peine défriché.

Elle a à se recruter parmi les gars solides et déterminés, toujours prêts à se défendre avec les mêmes armes qu'on leur oppose, le couteau ou le revolver, occurrence de presque tous les jours, que ce soit contre les « Hoodlums » ou contre les habitués de la « Côte de Barbarie », tous repris de justice de la pire espèce.

Cette « Côte de Barbarie » comprend un certain quartier de la ville, en partie envahi par les Chinois. C'est là que, dans des boui-bouis de bas-étage, se réunit l'écume de la population californienne.

Ce quartier est assez central pour que beaucoup de nouveaux débarqués et de gens de l'intérieur s'y aventurent sans défiance.

Malheur à eux souvent, et gare toujours à leur bourse. A peine entrés dans ces buvettes, cafés-concerts et salles de danse, ouverts principalement le soir, quelque boisson stupéfiante leur est servie par les hébés de l'endroit. Les habitués du lieu ont alors beau jeu pour dépouiller leurs victimes. L'opération terminée, le volé est jeté à la rue, pour y cuver son narcotique jusqu'au moment où la police le découvre et le transporte à la « Calaboose » (poste-prison).

Il désirera peut-être poursuivre ses voleurs, tout

au moins le propriétaire de la salle où il aura été dépouillé.

Peine perdue ; même si quelque arrestation a lieu, la victime ne parviendra pas à faire condamner les prévenus. Elle n'a pas de témoins à produire et les accusés jureront par tous les diables que le volé n'a jamais mis le pied dans leur baraque. Le tribunal est parfaitement convaincu du contraire, mais, faute de preuves, il se verra obligé à abandonner l'affaire. A vrai dire, souvent la police pourrait fournir ces preuves, mais elle trouvera avantage à se faire payer son silence par les coupables.

S'il n'est pas toujours dépouillé dans ces bouges, celui qui s'y aventure a grande chance d'y cueillir quelque bonne querelle, de laquelle il sortira écharpé et mourant sur le pavé de la rue.

Le policeman a toujours son revolver sur lui et hésite trop peu parfois à s'en servir.

S'il poursuit un prévenu et que celui-ci refuse de s'arrêter, il y a tout à parier qu'il recevra quelque balle, à moins que l'inoffensif passant n'en soit gratifié à sa place.

Dans la première quinzaine de mon séjour à San Francisco, je manquai bien d'en faire l'expérience, sur le trottoir d'une des principales rues de la ville. Ayant entendu siffler une balle à mes oreilles, en même temps que j'étais bousculé par un bandit en train de détaler, je n'eus que le temps de me garer sous la porte d'un magasin.

Le policeman tira trois coups de revolver, manqua

son fuyard, mais une des balles alla se loger dans la
jambe d'un bonhomme qui se trouvait entre l'agent et
son gibier.

———

Un des délits les plus fréquents en Californie consiste dans l'arrestation, à main armée, des diligences
dans l'intérieur du pays.

Ces diligences transportent la caisse des compagnies
« d'express », de la compagnie Wells Fargo, faisant
presque exclusivement le transport des espèces, des
barres d'or et d'argent, des petits colis, dans tout ce
vaste territoire qui s'étend entre les Montagnes-Rocheuses et la côte du Pacifique.

Lorsque les voleurs sont informés que la caisse est
replète, ils vont se placer, ayant soin de se couvrir le
visage d'un masque, en quelque endroit de la route
où le postillon de la diligence, par suite des accidents
de terrain, sera obligé de modérer l'allure de ses chevaux.

C'est alors qu'ils apparaîtront, armés de rifles et de
revolvers, et arrêteront la voiture en criant au conducteur :

« Hand down that box » (jetez-nous la caisse) ! Neuf
fois sur dix le conducteur obéira docilement. Il n'est
pas payé pour garder le trésor de Wells Fargo ; pourquoi s'exposerait-il à être malmené par messieurs les
voleurs ?

Les passagers, armés très probablement aussi, ne
chercheront pas davantage à s'opposer au crime. Ils

savent qu'ils seront rarement molestés, que les bandits ne les fouilleront pas, à moins toutefois qu'ils ne soient assurés d'une bonne aubaine en s'occupant de la poche des voyageurs.

La diligence peut continuer son chemin. La caisse est défoncée, les valeurs enlevées.

Quelques jours après, l'on peut lire dans les journaux, qu'une récompense de 500 à 1000 dollars est offerte par Wells Fargo, pour l'arrestation des voleurs, ce qui est un encouragement notable pour les shériffs de l'intérieur ou pour les détectives à s'occuper d'une affaire qu'ils négligeraient trop souvent, s'il n'y avait l'appât d'une prime.

Il peut arriver que les voyageurs se rebiffent à la demande des détrousseurs de grand chemin et leur envoient quelque plomb. Chose curieuse, le plus ordinairement, les voleurs s'enfuient sans riposter.

Mais la plupart de ces arrestations de diligences sont lucratives et sans dangers pour les bandits.

XIII

LES « GAMBLERS »

De toutes les grandes villes de l'Union américaine, San Francisco est certainement celle où la vie et les mœurs sont le plus relâchées.

Cela se comprend, lorsqu'on se représente les éléments si hétérogènes de la population. Puis, à vrai dire, c'est la seule grande ville sur toute la côte du Pacifique et des Etats-Unis à l'Ouest du Missouri.

C'est le rendez-vous de tous les aventuriers, des « desesperadoes » qui exploitent ces vastes régions à peine connues ; des hardis mineurs qui ont ramassé quelque argent par leur travail ou par la vente de leurs découvertes ; de tous ces individus enfin, disposés à tout faire, vivant d'expédients, toujours à la recherche de quelque besogne, mais refusant celle qui leur est offerte ; espérant toujours, en flânant au coin des rues ou dans les débits de whisky, rencontrer la pie au nid et des pièces de vingt dollars leur tombant du ciel, comme la manne aux Hébreux.

Car le travail ne manque pas en Californie, j'entends celui que réclame la culture des terres, le défrichement des forêts, l'exploitation même des mines. Et le pauvre émigrant n'a pas été, en général, élevé à poursuivre des occupations d'un ordre plus relevé.

Eh bien, qu'il arrive des Etats-Unis, de l'Europe, là où les salaires sont si réduits, dès que l'émigrant a mis le pied en Californie, ses appétits sont modifiés. A peine se contentera-t-il de gagner deux ou trois fois plus qu'il ne gagnait en Europe, aux travaux de la culture et de la ferme. Beaucoup resteront à flaner dans la ville jusqu'au moment où le petit pécule qu'ils auront apporté avec eux aura fondu entre leurs doigts, et que les « boarding-houses » (pensions) les auront sans merci mis à la porte. Car le crédit n'existe guères en Californie, pour le pauvre diable surtout.

Toutes les nations ici ont bien leurs sociétés de bienfaisance, en bonne position généralement de venir en aide à leurs ressortissants, mais elles reconnaissent peu les demandes faites à leur caisse et le paresseux n'y trouve guères les moyens de soutenir une vie de far-niente.

Rien, par exemple, n'est plus difficile que de trouver des domestiques blancs pour les fermes de l'intérieur, même pour les petites villes à quelque distance de San Francisco.

Et cependant les bureaux de placements, si nombreux à San Francisco, sont journellement assiégés d'Irlandais, d'Allemands des deux sexes ; les femmes en grande majorité naturellement. Mais l'on demande du service en ville ; la campagne est trop monotone. On ne peut y faire de la toilette, et les bals et autres lieux d'amusements y sont rares.

Trente dollars par mois, une bonne nourriture et peu de travail, ne tentent nullement, lorsqu'il faut les gagner dans la campagne; et cependant d'où sortent tous ces Irlandais et ces Allemands, sinon de la ferme, de l'étable?

Dans le très grand nombre de désœuvrés sans moyens reconnus d'existence, qui encombrent les principales rues de San Francisco, stationnant une partie du jour sous les portes de quelque magasin ou des « Bar-rooms », figure la confrérie des « Gamblers » (joueurs de profession).

Cette classe d'industriels que l'Europe ne doit pas nous envier, que l'on ne rencontre guères, même à Monaco et dans les villes d'eaux et de jeu de l'Allemagne, aujourd'hui privées de leur principale attraction, cette classe étale sans vergogne en Californie tous ses moyens, acceptés au grand jour.

Le « Gambler » pullule dans toutes les villes des Etats-Unis de l'Ouest, mais San Francisco a toujours été largement préféré par ces gentlemen aux doigts habiles. Cela ne signifie pas que les jeux de banque soient en Californie plus autorisés que dans les Etats de l'Est; cette préférence du champ de bataille tient sans doute au renom que la côte du Pacifique s'est acquis, d'être par excellence le pays du jeu et de la spéculation effrénée.

D'ailleurs nous sommes encore rapprochés de cette époque fameuse où le pays de l'or, à son enfance, comptait plus de déclassés, d'aventuriers que d'honnêtes gens; où les maisons de jeu avaient toute licence et possédaient surtout le patronage des habitants, depuis le négociant sérieux et responsable au marquis cireur de bottes ou laveur de vaisselle.

Le « Gambler », cela va sans dire, est expert à tous les jeux. Il saura corriger les chances et il le fera certainement, lorsque ses adversaires lui en laisseront la facilité. S'il est surpris trichant, ne pensez pas qu'un esclandre s'ensuivra ordinairement. Ceux qui jouent contre lui n'ignorent pas, le plus souvent, qu'ils ont à faire à un « Gambler » et que par conséquent ils ont à veiller au grain. Autant que possible, ils se contenteront de lui faire restituer les gains mal acquis; peut-être quitteront-ils la partie, mais presque toujours le jeu continuera, chacun apportant une attention plus soutenue, afin de ne pas être volé à nouveau.

Il arrive bien, de temps à autre, quelque désagrément, lorsque le « Gambler » ne veut pas s'exécuter ou que ses adversaires sont peu accommodants. Et comme le « Gambler » est presque toujours armé, quelque bagarre s'ensuit, accompagnée de nombreux horions et de peaux quelque peu perforées.

Les jeux de banque et de hasard sont défendus par les lois californiennes; mais il y a tant d'entreprises prohibées, qu'aucune ne l'est absolument.

Parfois, lorsque quelque scandale, au fond duquel l'on retrouve des « Gamblers », offusque par trop le sentiment public, les journaux entament une croisade contre les maisons de jeu, ouvrent les yeux à la police, qui, d'ailleurs, sait fort bien ce qui se passe ; ils vont même jusqu'à indiquer la rue, le numéro, le nom des propriétaires de ces tripots.

Si cette croisade devient trop ardente, qu'il en coûte trop cher aux maisons de jeu pour acheter le silence des reporters de journaux, alors la police fait quelque descente, ayant au préalable pris soin d'avertir les « Gamblers ». Et tout se liquide par la saisie des instruments du crime et une amende rien moins que forte imposée aux croupiers ou joueurs qui se sont laissés surprendre. Et quelques jours après, le tripot est ouvert à nouveau ou va s'établir dans un autre quartier de la ville.

La police a d'ailleurs tout intérêt à ménager ces maisons de jeu. La politique prime tout, on la retrouve au fond de toutes choses. La confraternité des « Gamblers » est nombreuse et la classe des joueurs ordinaires plus nombreuse encore. Elles pèsent d'une manière sensible, par leurs votes, lors des élections des chefs de police.

L'individu qui veut être nommé à ce poste est toujours obligé à des promesses de bienveillance envers ses électeurs.

Pour briguer une place dont les émoluments sont de quatre mille dollars par an, et lorsque, pour l'obtenir, on est obligé de dépenser de 20 à 25 mille dollars, en achetant des votes, il faut admettre au préalable que pendant les quatre années de durée du mandat, il existe certains moyens, à l'effet de rentrer dans ses fonds et de s'amasser de plus une petite fortune.

On n'est pas chef de la police uniquement par gloriole d'occuper cette position; pas plus qu'on ne recherche les places de « supervisors » (conseillers municipaux) ou celles de député à la législature, au congrès, et celles de l'administration de l'Etat ou du pouvoir fédéral, à cette seule fin d'être quelque chose parmi ses concitoyens, de leur être utile et d'empocher de maigres émoluments.

Lorsqu'il est en fonds, le « Gambler » s'attaquera de préférence aux Banques de Pharaon, où la part des chances attribuée à la banque est assez modérée. Il connait toutes les finesses de ce jeu de hasard. Il a pu si bien les étudier d'ailleurs, en étant, à quelque moment de sa vie accidentée, banquier, croupier ou racoleur de quelqu'un de ces établissements.

Aujourd'hui les Pharaon-voleurs deviennent rares. Ces établissements recrutent difficilement assez de pigeons, de «greenhorns», autrement dits jobards; et la police, sur la plainte fondée de quelque joueur trop foncièrement plumé, sévirait alors sans trop de réticence.

L'on reconnaît sans peine le «Gambler». La chance l'a-t-elle favorisé, rien ne sera trop beau ou trop cher pour lui. Costume battant neuf, trop souvent de haute fantaisie, ornementé de chaînes d'or bien voyantes, et la chemise constellée de diamants, brillant de conserve avec ceux qu'il porte aux doigts. Ces bijoux, qu'il recherche tant, lui deviennent un placement très-directement pratique dans les divers moments de veine noire, alors qu'il doit avoir recours à quelqu'un de ces

«Pawn-offices» (monts-de-piété) opérant à San Francisco à raison de 4 % par mois d'intérêt.

La fortune lui est-elle contraire, est-il brûlé dans ses derniers dollars, le «Gambler» trouvera toujours quelque aide parmi ses confrères. Et dans une partie de jeu montée à l'usage des fermiers, des gens de l'intérieur, des nouveaux débarqués, il cherchera par tous les moyens à remplir de nouveau son escarcelle.

L'existence du «Gambler», c'est la vie de bohême avec un vice de plus. Bien peu de ces irréguliers arrivent à quelque position à l'abri des orages; la plupart terminent leur vie dans une rixe ou sur un grabat.

Et cependant l'on rencontre à New-York un sénateur des Etats-Unis auquel le «sport» a réussi, car il a débuté comme «boxeur», ce qui lui a rapporté pas mal de gloire dans ces pays-ci, avec une belle récolte de dollars, et il tient dans la métropôle de l'Est le plus grand établissement de jeu.

L'on parie sur tout en Californie : sur les courses de chevaux et les courses de pédestriens, à propos des luttes d'hommes, de la boxe, des combats de coqs et de boule-dogues, beaucoup sur les joueurs de billard.

Mais presque toutes ces «exhibitions» ont leurs résultats arrêtés à l'avance, selon que la somme des paris est plus forte sur l'un ou l'autre des adversaires. Aussi le sport, sous quelque forme qu'il se présente, très en honneur en Amérique, perd-il chaque jour, grâce aux manœuvres déloyales, toute considération.

XIV

LA MILICE CITOYENNE

En retour des droits qu'il obtient en se faisant na-turaliser Américain, tout citoyen doit son service, soit comme juré, garde national ou en qualité de pompier.

La grande majorité des citoyens préfère remplir ces obligations envers l'Etat en se faisant inscrire dans la milice, soit dans quelque régiment régulier, ou, selon qu'il est Allemand d'origine, Irlandais ou Français, dans quelque corps exclusivement composé d'indivi-dus de sa nationalité.

Ne croyez pas que ce service de garde national soit, ainsi qu'il l'était à Paris, par exemple, considéré comme une véritable corvée. Non pas. Le grand bon-heur de ces milices citoyennes, aux Etats-Unis, est d'être prises au sérieux et de pouvoir jouer au soldat.

Et comme toutes les compagnies auxiliaires de la garde nationale sont libres de choisir un uniforme se-lon leur goût, elles s'octroient du clinquant, des bro-deries d'or et des pompons à défier toute imagination. Les simples soldats ont des sabres et des épées qu'en Europe l'on prendrait pour des armes d'honneur.

C'est plaisir et l'occasion d'un bon rire, que d'as-sister aux parades et nombreuses processions dans lesquelles figurent ces compagnies fantaisistes. Vous pourriez supposer que tout le défilé se compose de généraux, de colonels tout au moins, tant il y a de gens chamarrés sur toutes les coutures.

Et la remarque pourrait être raisonnablement faite, qu'aux Etats-Unis, pays à peu près civilisé, il ne devrait pas être permis aux milices citoyennes de donner le même spectacle qu'offrent les troupes haïtiennes, mexicaines, ou celles de quelque autre république de moricauds sous l'équateur.

Mais il a fallu laisser quelques hochets aux soldats-citoyens, après la guerre de sécession, dans laquelle beaucoup de leurs compagnies ont figuré à titre de volontaires.

Pendant cette période guerrière, on avait fabriqué tant de généraux, dont les trois quarts ont été rendus à la vie civile, qu'on n'a pu cependant annuler toutes ces grosses épaulettes. On les a autorisés à continuer leur carrière de gloire militaire dans la garde nationale des divers Etats.

Ce n'est cependant pas absolument une sinécure dans ces pays neufs, que d'appartenir à la milice nationale, appelée parfois à réprimer des troubles sérieux. Non pas qu'on la fasse marcher contre les Indiens qui de temps à autre essaient du meurtre et de la révolte. Les troupes fédérales permanentes, disséminées un peu partout dans le pays, dans des baraquements ou dans des forts, à proximité des réserves indiennes, marchent seules et sont chargées de réduire ces pauvres diables de Peaux-Rouges.

XV

LES INCENDIES A SAN FRANCISCO

LE SERVICE DES POMPES

Le feu a été le grand ennemi de San Francisco. A plusieurs reprises, dans les premières années de 1850, la ville a été réduite en cendres, les habitants absolument ruinés, car, à cette époque, les compagnies d'assurances n'existaient pas pour alléger les pertes individuelles. La ville ne comptait guères que des maisons en bois. La première construction en pierres fut édifiée avec du granit importé de Chine ; et l'on conviendra que c'était aller chercher les matériaux un peu loin. Mais les communications avec l'intérieur de la Californie étaient fort difficiles alors ; aujourd'hui tout le granit désirable, arraché dans les carrières au pied de la Sierra-Nevada, est apporté à la ville par le chemin de fer. Puis, des gisements de terre glaise ayant été découverts, la brique a servi dès lors à l'érection des principaux quartiers de la ville : le quartier des affaires, occupant les terrains au bord de la baie, et le quartier du commerce de luxe et de détail, qui a pris possession des rues en étages sur les collines.

Mais San Francisco est encore aux trois quarts bâti en bois. Les trottoirs et bon nombre de rues sont planchéiées, en attendant que la municipalité ait décidé entre l'emploi du macadam, du pavé en granit, du pavé en bois bitumé ou peut-être de l'asphalte, dont on sait si peu se servir ici, que, dans les journées chaudes, les quelques trottoirs asphaltés sont fort désagréables aux promeneurs.

Malgré tous ces éléments de combustibilité, les incendies à San Francisco, quoique nombreux, sont aujourd'hui presque toujours sans conséquences sérieuses.

Le service des pompes est si bien fait, tout le matériel consistant en pompes à vapeur, qu'en quelques minutes l'on peut mettre sous pression ; le système du télégraphe électrique est si bien établi, les pompiers embrigadés mettent tant de zèle et d'amour-propre à triompher rapidement du fléau, que les incendies sont éteints le plus souvent avant d'avoir atteint un immeuble voisin, si ce n'est peut-être lorsque le feu prend naissance dans les quartiers presque exclusivement occupés par des scieries ou de grands dépôts de planches et de bois de construction, branche si importante du commerce de San Francisco.

Depuis nombre d'années, aucun sinistre de quelque importance n'a eu lieu. Mais si les risques du feu à San Francisco sont relativement plus grands que dans les villes de l'Est, à moins qu'on ne cherche à se préserver contre une conflagration du genre de celle de Chicago, il y a cinq ans, il est difficile d'admettre que

les compagnies d'assurances soient unanimes à charger des primes de un ou deux pour cent, voire parfois
davantage, alors qu'en Europe des risques contre le
feu, à peu près de la même nature, peuvent presque
partout être couverts à raison d'une prime de trois
quarts à un pour mille.

XVI

DE LA GRANDE IMPORTANCE COMMERCIALE DE SAN FRANCISCO

DÉVELOPPEMENT DES VOIES FERRÉES RELIANT LA CALIFORNIE
AUX ÉTATS DE L'EST ET DU SUD

San Francisco est le grand centre commercial de la Californie, le grand port d'importations et d'exportations de toute la côte, depuis Panama aux confins des terres du Nord de l'Alaska.

Les marchés du Nicaragua, du Guatemala, du Mexique sur l'océan Pacifique, de Portland dans l'Orégon, de Victoria dans la Colombie-Britannique, viennent s'approvisionner à San Francisco, aussi bien que la plupart des îles du Pacifique, des Sandwich aux Tahiti, aux Fidji et à la Nouvelle-Calédonie.

Et l'on peut dire que le canal de Panama trouvera dans le port de San Francisco une part très importante du trafic auquel il prétend. Il aura bien certainement la clientèle de cette nombreuse flotte venant de l'Atlantique à la côte du Pacifique Nord. Quant au passage de retour sur les Etats-Unis ou l'Europe, l'on peut admettre qu'il n'en aura pas le monopole. Le gros des exportations de la Californie et de l'Orégon, consistant en céréales, pour un tonnage de 7 à 800,000 tonnes, continuera sans doute à prendre la route du cap Horn, même au prix d'une traversée moyenne de quatre mois. Ces produits de la terre sont d'une valeur trop minime pour supporter un fret élevé déjà et qu'un tarif de 10 fr. par tonneau pour le droit au passage du canal viendrait presque doubler.

Tout l'intérieur de la Californie est tributaire de San Francisco, vient y puiser les articles des manufactures de l'Est ou d'Europe, et envoie en retour sur le marché de la ville les divers produits du sol.

La culture des vastes plaines et des vallées californiennes ne pourrait se développer sans les capitaux des banques de San Francisco, car les fermiers veulent toujours faire plus que force, entreprenant la culture d'une étendue de terres telle, qu'avec leurs seules ressources ils ne peuvent y parvenir.

Offrant les plus favorables éléments de transport, une sécurité très-grande à toute la marine marchande du monde, dans une rade bien abritée et d'une ampleur sans pareille, — reliée à l'Est par le grand chemin de fer transcontinental, qui aujourd'hui met Paris et Londres à seize ou dix-sept jours de la côte du Pacifique et prochainement sans doute à un trajet de moindre durée encore, l'essai ayant réussi de faire passer un train en quatre-vingts heures de New-York à la métropole californienne, San Francisco ne peut manquer d'attirer en peu d'années une population considérable.

Une seconde ligne transcontinentale vient d'être terminée, reliant la Californie aux Etats de l'Est et du Sud de l'Union, sans que sur son parcours l'on ait à redouter les ennuis de l'hiver, ces immenses amoncellements de neiges qui entravent si fréquemment la circulation des trains sur le chemin Overland, passant par le Lac Salé et les régions qui s'étendent par delà les monts Wabash, des Montagnes-Rocheuses aux rives du Missouri.

Par cette nouvelle ligne, l'on atteint Los Angelos, dans le Sud de la Californie, en traversant la grande vallée de San Joaquin, le grenier du pays de l'or. Et l'on peut éviter ainsi, en se rendant dans les comtés du Sud, de prendre la voie des steamers de la côte, d'un confort très discutable en tous temps, mais alors surtout que le fret humain est abondant.

Cette voie ferrée, suivant presque le 33e degré de latitude, entre sur les confins de la Californie dans le grand désert du « Colorado » (ancien lit de la mer, car à certains endroits il est à 200, 250 pieds au-dessous du niveau de l'Océan), traverse le fleuve Colorado au fort Yuma, pour s'enfoncer dans « l'Arizona », ce pays d'une richesse minérale si extraordinaire que bientôt, malgré les difficultés d'exploitation et la présence encore fréquente des Apaches, ces irréconciliables ennemis des blancs, la production des métaux précieux y aura atteint l'importance de celle de Californie.

Ce chemin gagne enfin « El Paso », sur les bords du

Rio Grande, à la limite de la Sonora et du Nouveau-Mexique, et, remontant au nord par Denver, vient s'embrancher à Cheyenne, à l'Est des Montagnes-Rocheuses, au grand Overland qui porte sur le Missouri à Omaha.

Dans un avenir prochain, sans doute, la ligne transcontinentale du Sud se prolongera d'El Paso à travers le Texas, pour atteindre Galveston et la Nouvelle-Orléans, mettant ainsi le golfe du Mexique à cinq jours de distance de San Francisco.

Et avec l'ère de progrès qui paraît vouloir luire enfin sur la République mexicaine, l'on pénétrera à El Paso par quelque nouvelle ligne due à l'esprit d'entreprise des Américains du Nord, à travers la Sonora jusqu'à Guaymas sur le Pacifique et sur la capitale même.

Puis une troisième ligne transcontinentale viendra encore féconder la côte du Pacifique. C'est le « North Pacific railroad », partant du Canada et du Nord des grands lacs, traversant les territoires du Dakota, Montana et de l'Idaho, pour venir se terminer à Portland et Astoria, dans l'Orégon, avec embranchement au Sud sur San Francisco.

Cet admirable réseau de lignes ferrées, établies de l'Atlantique au Pacifique et reliées à San Francisco avec les magnifiques vapeur de la Malle faisant le service sur le Japon et la Chine, et ceux qui desservent les îles Sandwich et l'Australie, nous procurent chaque année une part plus considérable du commerce avec le Céleste-Empire et le royaume du Mikado, et mettent le voyageur d'Europe à trente-cinq jours de voyage de Hong-Kong, tandis qu'en passant par le canal de Suez et l'océan Indien, il ne pourrait guères arriver aux ports de la Chine en moins de quarante-cinq jours, après une traversée fatigante sous un climat équatorial.

———

Possédant une température toujours égale, des saisons bien définies, pendant les mois d'hiver, des pluies récupératives qui cessent entièrement de mai en novembre, ce qui permet à l'agriculteur de faire ses moissons, sans se préoccuper des changements du temps, de laisser sur ses champs ou en sacs ou en meules, les produits du sol ; n'obligeant pas le « ranchero » à faire des frais d'étables ou de magasins à fourrages pour ses troupeaux qui, toute l'année, pâturent sans réclamer de soins, la Californie a devant elle un avenir incomparable et bien prévu par le gouvernement de Washington, lorsqu'en 1846 il a traité avec le Mexique pour la cession de cette partie de la côte du Pacifique, et qu'ayant été obligé de prendre par force possession du pays, il a consenti à payer une indemnité de quinze millions de dollars, indemnité non prévue par ce traité, dont le résultat fut l'annexion à l'Union américaine de la Californie, du Texas, et des territoires de l'Arizona et du Colorado.

———

XVII

DES DIVERSES CULTURES DE LA TERRE ET DES PRODUITS DE LA CALIFORNIE

La Californie, si heureusement partagée sous le rapport du climat, produit tous les fruits que nous sommes accoutumés à rencontrer en Europe : depuis la pomme de terre qui aime le froid et les terrains un peu humides, à l'orange, au citron, et à tous les fruits des pays semi-tropicaux. Dans aucune contrée du monde, probablement, sous la même latitude, la végétation n'est aussi favorisée et luxuriante que sur cette partie de la côte du Pacifique. La terre y est relativement vierge, quoique dans les fermes exploitées depuis une série d'années le pernicieux système de culture qui y est en usage ait déjà grandement épuisé le sol.

Le blé ayant toujours donné les meilleurs résultats dans les comtés de la Californie centrale, les fermiers, sans prévoyance de l'avenir, ont généralement, une année après l'autre, semé leurs terres en blés.

Aussi là où, il y a douze à quinze ans, l'acre produisait de 30 à 35 boisseaux de grains (le boisseau est d'environ 60 livres), est-on surpris de ne récolter aujourd'hui que 15 à 20 boisseaux.

Pour peu que ce système de culture soit continué, le fermier aura besoin de recourir aux engrais artificiels, d'importer les guanos du Pérou, des Mexilliones et des îles de la Polynésie. Déjà, d'ailleurs, quelques importations ont eu lieu.

Dans ce pays de Californie, l'on veut trop promptement arriver à la fortune et le fermier n'est pas en dehors de cette manie.

Il se livrera toujours à la culture d'un seul produit, le blé ou l'orge. Au lieu d'avoir autour de sa maison quelques acres plantés en légumes nécessaires à l'alimentation de sa famille, de s'occuper de l'élève de la volaille, qu'il peut toujours vendre à un bon prix et dont les œufs atteignent ordinairement deux fois la valeur qu'ils ont dans les Etats de l'Est, il préférera acheter légumes, volailles, voire même la viande de boucherie, qu'il lui serait si facile d'obtenir de ses troupeaux.

Un fermier fera des céréales presque exclusivement, un autre aura ses terres plantées en vignes. Tous deux seront tributaires de leurs voisins pour tous les autres produits en dehors des grains et du vin.

Il est à espérer que les fermiers reviendront à des pratiques agronomiques mieux entendues, mais il faudrait l'exemple et des connaissances en agriculture dont manquent presque tous les paysans californiens.

La production des céréales, des blés surtout, puis de l'orge, de l'avoine, de quelques seigles, est le grand champ d'activité des fermiers de ces pays-là. Le prix des blés a-t-il été rémunérateur une année, l'année suivante verra une augmentation énorme dans la culture de ce grain.

On est arrivé à produire entre 8 à 900,000 tonnes de blé, dont les trois quarts trouvent un débouché sur les marchés européens. Le reste de cette récolte, réduit en farines, est exporté en destination des ports de la Chine, qui devient rapidement gros consommateur de cet article. Le Mexique et les Etats du Centre-Amérique s'approvisionnent également à San Francisco. L'Angleterre trouve ces farines très à sa convenance, mais la France n'en est pas acheteur, non que la qualité ne soit pas belle, mais il paraîtrait que ces farines de Californie ne sont pas d'un travail facile.

. La majeure partie de la récolte des orges prend le chemin des marchés de l'Est des Etats-Unis, qui recherche principalement des orges pour la fabrication de la bière, et du Pérou, où il sert à l'alimentation des bestiaux.

Quant aux avoines et aux seigles, ils ont leur débouché en Californie même; la culture n'en est pas très étendue d'ailleurs, aussi les prix ne permettent pas l'exportation.

Les graines oléagineuses, cultivées dans les comtés du Nord et de l'Orégon, viennent, en concurrence avec celles du Pérou et de l'Inde, alimenter les fabriques d'huiles de San Francisco.

La vigne est cultivée très largement, tant dans les comtés du Sud que sur le versant et le pied des montagnes, contreforts de la grande Sierra-Nevada.

Prétendre que le vin de Californie est bon, serait une assertion qu'un nouvel arrivant seul pourrait se permettre. Mais en regard des produits du Bordelais, toujours consommés de préférence, ils ont cet avantage de coûter infiniment meilleur marché, grâce au tarif de la douane américaine, qui frappe les vins de France en barils, à leur importation aux Etats-Unis, de droits plus élevés que le coût primitif de ces liquides sur la place de Bordeaux.

Ces vins de Californie, rarement forts en couleur, mais très capiteux, servent à des mélanges avec les gros vins noirs du midi de la France et s'écoulent alors facilement dans la classe moyenne des consommateurs.

Il serait injuste toutefois de dire que tous les vins de Californie sont mauvais, mais trop souvent ils sont mal fabriqués et d'une conservation peu facile. Le goût de terroir est très prononcé en eux, surtout lorsqu'ils proviennent des plans originaires du pays, ce qu'on appelle raisins de la « Mission ».

La quantité d'alcool qu'ils contiennent doit rendre prudent celui qui en ferait une consommation immodérée.

Parmi ces vins produits dans les vallées des montagnes, les vins blancs surtout sont agréables. Ils ont quelque ressemblance avec des Sauternes de petit cru et parfois avec les vins du Rhin.

Dans le Sud l'on trouve, si le vin a quelques années de garde, des produits rivalisant sérieusement avec les Madère et les vins-liqueurs.

Depuis peu, sans doute en raison de la cherté des vins de France, l'Allemagne vient acheter des vins de Californie. Des cargaisons ont déjà pris le chemin de Hambourg et très probablement ce débouché prendra de l'extension.

Si les Français, en Californie, ont été les premiers à s'occuper de la vigne, ils ont, en fin de compte, assez peu réussi.

Beaucoup chez lesquels la persévérance n'est pas la vertu principale, se plaignent de la vente de leurs produits, des prix peu rémunérateurs qu'ils obtiennent. Quelques-uns ont arraché leurs vignes pour s'occuper d'autres cultures. D'autres vendent leur exploitation, qu'un Allemand, à coup sûr, sera toujours prêt à acheter.

En somme, depuis quelques années, la culture de la vigne ne fait pas de progrès sensibles en Californie. Les vignobles existants sont si productifs, qu'à la vendange les vignerons sont toujours embarrassés de loger leurs vins et surtout d'en trouver le débouché. Et l'intérêt de l'argent ne permet guères de laisser des récoltes invendues.

L'exploitation des vignes est loin de réclamer, sur la côte du Pacifique, les soins, le labeur, qu'en Europe on est obligé de leur consacrer. Il est d'usage ici de planter les ceps à une distance de six pieds les uns des autres, ce qui permet de tourner et foncer le

sol, en y faisant passer la charrue, réduisant le travail
au fossoyage du pied immédiat des ceps. Pas d'écha-
las pour soutenir les rameaux et peu ou pas d'autre
besogne entre le labourage et la récolte.

L'acre de vigne est généralement planté à mille
plans, et produit une moyenne de 8 à 900 gallons, soit
35 à 40 hectolitres de vin.

Ces quantités énormes vont rarement entières à la
consommation. Beaucoup de propriétaires brûlent
leurs vins, produisant une eau-de-vie à laquelle la
présence de trop d'huiles essentielles, résultat d'une
distillation rapide ou imparfaite, enlève sensiblement
de sa valeur.

C'est d'ailleurs une fabrication peu productive. On
ne peut guères faire, de ces eaux-de-vie de Californie,
rien qui se rapproche des produits de la Charente. Et
si les vins de la côte du Pacifique américain n'ont pas
de droits de douane à supporter, il n'en est pas de
même des eaux-de-vie, qui ont à payer au gouvernement, dès qu'elles sont fabriquées, sous la forme du
droit « d'internal revenue », à peu près les deux tiers
du prix auquel elles peuvent être vendues.

Il est vrai que le gouvernement est toujours fraudé
en grande partie dans la collection de cet impôt.

Quelques fabriques de sucre de betteraves ont été
montées ces années dernières, mais leur succès est
encore problématique, en ce sens que la culture de la
betterave n'est pas recherchée par les fermiers, et cependant elle donne abondamment et des produits de

toute beauté. Sont-ils aussi riches en matière saccharine ? C'est là un point contesté.

On n'a jamais essayé de la culture de la canne à sucre dans les comtés méridionaux. Le manque de pluies, la trop grande sécheresse pendant les mois où la terre se couvre de récoltes, doivent être de sérieux obstacles à la culture de la canne.

Le coton a été planté et a donné des résultats assez satisfaisants. Mais l'absence de filatures sur la côte du Pacifique a obligé les quelques planteurs à expédier leurs produits dans l'Est, les surchargeant ainsi de grands frais. Comme la culture du coton est plus dispendieuse en Californie que dans les Etats du Sud, elle ne pourra, selon toute probabilité, prendre quelque essor que lorsque des manufactures s'élèveront sur cette côte.

Le riz, le thé, prospèrent, mais jusqu'ici ne donnent pas lieu à une production de quelque importance.

Une compagnie de Japonais est venue s'installer dans les montagnes californiennes, pour y planter le thé, mais ces braves gens font bien peu parler d'eux et des résultats de leur expérimentation.

Dans les comtés du Sud, dans les endroits malheureusement trop peu nombreux où quelque courant d'eau permet l'irrigation des terres, l'oranger, le citronnier, l'amandier, donnent de larges récoltes. De grandes quantités de ces arbres semi-tropicaux ont été plantées et dans quelques années, sans doute, les produits qu'ils donneront seront assez considérables, pour que l'importation en Californie de ces nombreuses cargaisons d'oranges et de citrons du Mexique, des Iles Sandwich, mais de Tahiti surtout, devienne affaire de pauvre résultat.

Il a été question d'introduire le caféier. Quelques essais de culture ont été faits dans le Sud, mais probablement n'auront pas donné satisfaction, car les journaux du pays, toujours empressés à signaler quelque apparence de succès, en n'importe quelle industrie nouvelle, et à éditer des exagérations, sont très silencieux sur ce chapitre.

De nombreuses houblonnières, qui réussissent parfaitement et donnent les meilleurs produits des Etats-Etats-Unis, ont été pendant quelques années le caprice des fermiers. Mais, comme toujours en ces contrées l'on exagère la production, en peu de saisons, malgré que la consommation de la bière ait augmenté très fortement, les houblons de Californie ont donné des récoltes si abondantes, que la valeur du marché a diminué de moitié et que la vente est devenue difficile. Cependant le houblon de Californie a une vertu, un principe, de beaucoup supérieurs à ceux d'Europe ou des Etats-Unis. Bref, c'est une culture qui ne « paie plus ». Aussi, beaucoup de fermiers, découragés et peu persévérants, commencent à passer la charrue dans leurs houblonnières et livrent les racines au feu.

Qu'il vienne une année de hauts prix pour les houblons, et ces fermiers s'empresseront de cultiver à nouveau ce produit.

Tous nos arbres fruitiers de la zòne tempérée en Europe sont ici largement représentés, trop largement peut-être, car la récolte est si abondante et les prix en ville si réduits, que les fermiers bien souvent ne se donnent pas la peine de cueillir les fruits de leurs vergers et les laissent se perdre sur les arbres.

Les cerises, les pêches, les abricots, sont fréquemment une drogue sur le marché de San Francisco. La vente ne rembourse pas le fermier des frais qu'il doit subir pour le transport, l'emballage en caisses ou paniers et les commissions à payer aux facteurs de la ville.

Grâce à une récolte en avance sur celles des Etats de l'Est, les fruits de Californie vont, dès les mois de juin et juillet, rafraîchir le palais des gens de Chicago, Saint-Louis, New-York, et trouvent au surplus un débouché facile dans toute cette région qui sépare les deux océans.

Mais si ces fruits sont abondants, d'un bel aspect, la différence est bien marquée entre leur qualité, la finesse de leur goût, et celles de nos fruits d'Europe, si succulents et parfumés.

Quelques Français et des Italiens se sont adonnés à la sériciculture. Un Allemand a monté des métiers à tisser la soie.

Les mûriers prospèrent bien, les cocons obtenus ont, paraît-il, toutes les qualités désirables; toutefois, cette industrie se développe bien lentement.

La main-d'œuvre, si chère en Californie, est probablement l'obstacle principal à ce développement.

XVIII

LES FORÊTS EN CALIFORNIE

Les magnifiques forêts de la Californie et de l'Orégon, en essences de bois de sapin et de pin, ont fait
l'admiration de tous ceux qui les ont parcourues.

Depuis vingt ans elles sont largement exploitées et
actuellement fournissent chaque année plus de 500
millions de pieds de bois, essentiellement employés
sur la côte même du Pacifique Nord et Sud. Mais, au
taux de cette exploitation, peut-être verra-t-on bientôt
utilité à procéder avec plus d'économie. Il est vrai de
dire qu'on a poussé beaucoup à la plantation des eucalyptus d'Australie, dont la croissance est si prodi-
gieusement rapide; mais à quel usage utile ces bois
d'eucalyptus serviront-ils? Le problème est loin d'ê-
tre résolu.

Les chemins de fer du Pérou et du Chili sont venus
chercher en Californie les traverses de rails, voire une
partie des pilotis qui ont été nécessaires à leur construction. Ces traverses et pilotis sont en un bois de
sap rouge, d'un grain très lâche, mais résistant à
l'action de l'humidité mieux que d'autres bois durs et

consistants. C'est là son plus grand mérite, outre qu'il est d'un débit, d'un travail très facile.

Dans les pays où les pluies sont fréquentes, ces bois pour traverses doivent être préférables à celles en chêne, que l'humidité pourrit rapidement, lors même qu'on leur a appliqué l'injection préservatrice du sulfate de cuivre ou toute autre préparation. Les wharfs, très nombreux et très étendus, existant dans les divers ports de la côte, sont construits en pilotis de ce bois de sap rouge et réclament rarement quelque changement pour cause d'usure, là surtout où ces bois sont immergés.

Dans ces derniers temps, l'on vient de reconnaître que le bois de catalpa offre encore, sous ce rapport, de meilleures qualités de durée. Mais ces catalpas sont relativement rares.

Les sapins rouges croissent si rapprochés les uns des autres, élevant leurs cimes à des hauteurs prodigieuses, que le parcours des forêts est rendu parfois très pénible. Le tronc, d'une circonférence de 15 à 25 pieds, s'élève droit comme un I, et, privé de branches jusqu'à une certaine hauteur, il présente au sciage des planches presque sans nœuds et d'un travail facile.

Les mêmes qualités, à peu près, se rencontrent dans le sapin blanc et le pin de l'Orégon, d'un grain plus serré et dont la nuance, plus agréable à l'œil, fait qu'il est préféré dans le boisage de l'intérieur des maisons.

Ces bois blancs en troncs ont été longtemps recherchés comme mâtures par les constructeurs de navires. L'Europe en a importé de certaines quantités jadis, malgré le prix de revient excessivement élevé, en raison du transport si difficile de ces pièces de bois de dimension considérable, quelques-unes atteignant 200 pieds de longueur; mais le nouveau système de mâtures en fer creux a actuellement la grande vogue, attendu que ces bas mâts en fer creux sont plus légers en poids et d'un revient moins élevé.

Aujourd'hui la Californie et l'Orégon, à côté de leurs nombreuses scieries de bois, aux abords des forêts mêmes, sur quelque rivière ou dans une anse permettant aux navires de venir prendre leurs chargements sous la scie, possèdent des chantiers de constructions maritimes. Les navires sortis de ces chantiers ont étonné par leur durée et par la bonne conservation des pièces de bois entrées dans leur construction. De plus, ils ont prouvé des qualités de navigabilité et de vitesse égales à celle des navires fournis par les cales d'Europe. Dernièrement encore, le gouvernement français a fait mettre sur chantier, à San Francisco, toute une flotille de navires légers, qui doivent desservir le nombreux groupe des îles de Tahiti.

L'on rencontre différentes autres essences de bois dans les forêts du Pacifique californien, entre autres le chêne et le laurier. Le premier est peu apprécié; il est généralement d'une mauvaise croissance et son bois est loin d'être comparable à celui des chênes dans les Etats de l'Est et du Sud. Le laurier, sans être très abondant, est relativement recherché pour la construction des meubles, pour les boiseries riches,

pour la fabrication des billards, industrie si considérable aux Etats-Unis. Cette préférence que l'on donne
au laurier est au moins singulière, mais les Californiens aiment mieux un mobilier en bois blanc, ou
clair, qu'il soit de laurier ou de primavera, que nos
mobiliers en acajou ou en palissandre.

XIX

L'ÉLEVAGE DES BESTIAUX

LA PRODUCTION CHEVALINE

La Californie, si riche par la culture des terres, offre à l'élevage des bestiaux un champ d'activité tout aussi important.

Le « ranchero » possède de grands domaines dans la plaine, le long de la mer et dans les montagnes, sur lesquels le bétail pâture toute l'année, abandonné à lui-même, sans abri contre les pluies ou les raffales du vent.

A peine quelques « vaqueros » courent le pays et veillent à ce que les troupeaux ne s'écartent pas trop ou ne pâturent pas sur les terres du voisin, là où les propriétés sont ou trop rapprochées ou privées de barrières. Et encore n'y regarde-t-on pas de si près.

Parfois le ranchero vit sur ses terres, dans quelque maison de chétive apparence, où rien à l'intérieur ni à l'extérieur ne fait rêver à un séjour agréable et confortable. Pas de jardins ou d'arbres le plus souvent ; ce serait trop de besogne de s'occuper de ces hors-d'œuvres et le ranchero n'a pas de besoins de luxe.

Mais généralement le grand propriétaire-éleveur préfère le séjour de la ville. Là il peut conclure ses marchés de bétail. Un « majordome » (intendant) et quelques vaqueros suffisent, sur le rancho, à soigner ses intérêts.

Il ira fréquemment jeter le coup d'œil du maître, surtout à certaines époques de l'année, au moment du « rodos », c'est-à-dire où l'on marque les jeunes animaux, lorsqu'il a besoin d'expédier quelque troupeau au marché de la ville, ou que l'herbe a disparu de partout sur ses terres et qu'il faut songer à trouver ailleurs quelque pâturage.

C'est alors une migration à laquelle le ranchero ne se décide que lorsque la mortalité, le manque absolu de nourriture et d'eau ont décimé ses animaux. Et avant qu'il ait atteint quelque contrée moins stérile, dans les hautes montagnes, souvent à deux cents milles de ses propres terres, il aura perdu une partie de ses troupeaux.

La sécheresse, pendant sept à huit mois de l'année, est le grand fléau de l'éleveur. Les ruisseaux sont taris ; toute nouvelle végétation ne surgira qu'avec les pluies du prochain hiver.

Dans certains terrains en bas-fonds, où l'humidité du sol se conserve plus longtemps, beaucoup de rancheros font planter « l'alfalfa », herbe vivace et donnant trois à quatre récoltes par an.

Ces terrains sont alors divisés et barrés. Lorsque

l'un d'eux a été brouté à fond, les bestiaux sont poussés sur le terrain voisin pour revenir, un ou deux mois après, paître à nouveau une seconde pousse d'alfalfa.

. Mais encore ces précautions ne peuvent être générales et de quelque étendue, et le bétail trop souvent, pendant les mois d'automne, court dans ces vastes solitudes, cherchant une maigre pitance, réduit à brouter des buissons rabougris. L'eau est très rare et les animaux, qui la sentent de loin, ont parfois quatre à cinq milles à parcourir soir et matin pour se désaltérer.

Le désert dans la Californie méridionale et dans le Nevada, où la végétation paraît tout à fait absente et ne présente, dans des plaines sans fin, que des buissons chétifs, des cactus et des palmiers sauvages, est peut-être plus hospitalier encore pour les bestiaux que ne le sont les versants et les plateaux des montagnes.

Dans ces vastes étendues de sables poussent autour des buissons des touffes de « bunch grass » et des sauges, lesquelles, malgré leur peu d'abondance, suffisent à nourrir les animaux. Quelques appréciateurs trouvent même la viande du bétail nourri dans le désert meilleure que celle des bêtes tirées des pâturages ordinaires.

Malgré certains déboires, l'élève du gros bétail a toujours été suivie de bons résultats. Aussi les rancheros sont-ils tous riches, tout en ayant laissé leur belle part aux bouchers de la ville.

Sans doute, il n'y a pas un pays au monde où la consommation de la viande soit relativement aussi forte qu'elle l'est en Californie, dans les villes surtout.

Mais aussi la viande de bœuf se vend-elle en boucherie de six à dix cents la livre, selon la qualité; celle de mouton, de quatre à cinq cents. Et qu'est-ce que dix cents dans ce pays, où la plus petite monnaie de change est précisément la « dime » (10 cents) et pour la ménagère le « half dime » (5 cents = 5 sous)?

Et malgré ces immenses troupeaux qui pâturent dans toute la contrée, il y a encore place pour l'importation en Californie de milliers de bœufs venant du Texas ou des régions au Nord du Mexique.

Ils ont à parcourir de six à sept cents milles pour gagner la côte du Pacifique, à travers un pays stérile, les montagnes volcaniques de l'Arizona et le vaste désert du Colorado, qui s'étend entre la rivière Colorado et la Sierra Nevada de Californie.

De ces grands troupeaux poussés par des vaqueros mexicains ou texiens, une bonne partie ont semé de carcasses les solitudes de l'Arizona ou sont, sur la route, détournés et tués par les Indiens-Apaches et Comanches qui infestent malheureusement ce territoire.

Ces troupeaux, après un aussi long voyage, pendant lequel le manque d'eau est de beaucoup le plus grand inconvénient, arrivent décimés sur quelque pâturage aux confins de la Californie. Là, quelques semaines de repos et de nourriture plus abondante leur rendent une apparence relativement convenable. Puis ils passent aux marchés des villes ou sont distribués sur

les ranchos de l'intérieur, à des prix de vente qui doivent parfois rendre ces importations bien hasardées.

L'élevage du mouton est pour le ranchero d'une
importance presque égale à celui du. gros bétail. Depuis dix ans, il a été d'un meilleur rapport. Aujour-
d'hui la laine se vend de 14 à 25 cents la livre ; elle
obtenait, il y a six à sept ans, de 30 à 40 cents ; et
cette laine était loin d'avoir alors la qualité, la légè-
reté qu'elle offre actuellement.

Le nombre des troupeaux, la quantité des moutons,
ont peut-être quintuplé depuis 1868. Alors la Californie produisait à peine dix millions de livres de laine.
Aujourd'hui la seule tonte du printemps donne 28
millions, soit pour les deux tontes annuelles un produit de plus de 50 millions de livres.

Les propriétaires se plaignent néanmoins que cette
industrie est devenue peu rémunératrice. Les frais
s'élèvent avec l'augmentation des troupeaux, la tonte
surtout est plus chère et la surveillance requise plus
dispendieuse. Puis l'étendue des terres pour pâturages tend à diminuer, et ces terres, d'ailleurs, ont acquis une certaine valeur de location, valeur à peu
près nominale il y·a quinze ans.

Beaucoup de nouveaux arrivants en Californie se
sont jetés dans cet élevage des moutons, par cette
raison surtout qu'au début il en coûte peu pour devenir propriétaire de quelque troupeau. Cinq cents
ou mille dollars suffisaient, il y a quelques années,

pour acheter 4 à 500 moutons, lesquels, dans l'année, donnaient un millier d'agneaux et 3 à 4000 livres de laine. Aussi tous ceux qui se sont adonnés à ce métier, pendant la dernière décade, sont-ils arrivés à d'excellents résultats, relativement au capital qu'ils ont employé à l'origine.

Aujourd'hui que les bénéfices sont réduits, les plaintes s'élèvent. Dans ce pays, l'on se fait difficilement à l'idée d'une prospérité moindre que celle dont on a pu être favorisé pendant une période antérieure.

Cette industrie moutonnière réclame fort peu de labeur, si ce n'est au moment de la tonte.

Elle a lieu deux fois par an, au printemps et en automne. Il est maintenant question de s'en tenir à la première tonte, la seconde donnant des laines bien inférieures en qualité et en quantité à celle qui suit la saison des pluies, c'est-à-dire des pâturages verts, inconnus à l'arrière-saison. Et de plus les troupeaux tondus vers l'automne sont plus sujets à périr misérablement, au début des pluies et dans les jours froids.

Toute l'année ces troupeaux de moutons émigrent de places en places, sans cependant sortir d'un certain rayon, à moins que la sécheresse n'oblige à chercher dans les hauts plateaux de la Sierra quelques pâturages où les bêtes puissent se nourrir.

En général, c'est pitié de voir la maigre pitance que ces troupeaux rencontrent, aussi les pertes sont-elles grandes parfois, ou bien est-on obligé, faute d'herbe et d'eau, de prévenir la mortalité en abattant des milliers de moutons pour leur suif, s'ils n'ont pas l'appa-

rence trop décharnée, ou pour les peaux, si la laine a
déjà atteint quelque longueur. A ces moments de di-
sette d'herbages, le mouton n'a pas de valeur. Il m'est
arrivé d'acheter dans les montagnes des agneaux déjà
de belle croissance, à 50 cents la tête, et j'avais le
choix entre les plus gras, destinés qu'ils étaient à me
fournir quelque plat de viande fraîche, lors d'un campement. Et je connais des offres de vente à 37 ½
cents la tête pour des quantités de 30 à 40,000 moutons.

Généralement un berger suffit à la garde de mille
bêtes. Les parcs sont à peu près inconnus ou ne servent que pour un ou deux jours aux brebis qui mettent bas et rejoignent bien vite le troupeau, à peine
l'agneau peut-il se tenir sur ses jambes.

Par suite de ce manque de soins, la mortalité est
toujours grande parmi les produits, mais on n'y re-
garde pas de si près, à moins que le troupeau ne soit
composé de bêtes dont la nature a été améliorée par
quelque croisement.

Ces croisements de métis avec des béliers importés
de l'Est ou d'Angleterre, ont reçu grande attention.
Aussi aujourd'hui les laines de Californie commen-
cent-elles à être appréciées sur les marchés de Boston
et de New-York, seuls débouchés de la production
lainière de la côte du Pacifique, en dehors des quelques manufactures établies soit à San Francisco soit
dans l'intérieur. Les droits de douane, à l'entrée des
laines étrangères aux Etats-Unis, protégent les pro-

duits indigènes dans une mesure à ne pas réclamer leur exportation.

Dans les montagnes et sur les iles situées le long de la côte californienne du Sud, quelques troupeaux de chèvres ont été introduits. Ces chèvres, de bonne race, d'Asie-Mineure ou du Tibet même, promettent de bien réussir, mais l'expérience n'a pas été suffisamment faite ou tout au moins la production de ces poils de chèvres n'est pas encore entrée d'une manière quelque peu considérable dans le marché.

Il n'y a pas d'ailleurs de raisons pour que la chèvre ne réussisse pas admirablement, à moins peut-être celles originaires du Cachemire, s'il est vrai, comme on le prétend, qu'elles perdent toute la qualité de leur lainage lorsqu'elle sont élevées hors des vallées de l'Himalaya.

La production du cheval est très patronnée en Californie.

Les grands rancheros ont de tout temps, avec leurs troupeaux de bêtes à cornes, élevé des milliers de chevaux, courant par « cavaillades » (bandes) à travers les terres et ne réclamant pas plus de soins que le gros bétail.

La castration des jeunes poulains et le marquage dans quelque « corral » (enclos) bâti au milieu de la plaine, c'est là toute la besogne des vaqueros, qui ne s'occupent plus des jeunes produits qu'au moment, quelques années plus tard, où leur apparence les rend désirables pour le service. Ceci, naturellement, s'entend des troupeaux de chevaux californiens, le « Mustang », comme on l'appelle, petite bête dans le genre du cheval barbe, mais de formes moins gracieuses, car c'est le cheval sauvage.

Malgré l'exiguité de sa taille, le « Mustang » est d'une solidité incomparable. On peut sans crainte lui demander un service auquel nos meilleurs chevaux d'Europe pourraient à peine résister.

Sobre, intelligent, presque toujours docile, lorsque de l'état « bronco » (sauvage) il est arrivé à se laisser employer, ce qui nécessite un travail de dressage énergique et que nos bons écuyers d'Europe ne feraient pas aussi promptement que le véritable vaquero californien, il fournira un petit cheval intrépide, aux jambes d'acier, galopant sous la selle, au milieu des terres sablonneuses, de l'aube au crépuscule, d'une allure toujours égale, ne montrant après vingt lieues de ce train aucun signe de détresse, se nourrissant bien du peu qu'on lui donne et disposé à vous procurer une traite aussi longue le lendemain et les jours suivants, pour peu que vous y puissiez vous-même résister, ce dont je doute par expérience.

Ce cheval californien n'a rien des formes gracieuses et élégantes que seuls les croisements de races introduisent; aussi ne sert-il de monture que dans l'intérieur, pour le service des fermes, pour les longs voyages pendant lesquels un cheval de sang périclaterait. On le rencontre attelé à deux aux charrettes sans prétentions des fermiers, en ligne de file de 10 à 14,

entremêlé avec des mules devant les gros chariots
qui font les transports dans les montagnes où les lignes ferrées n'ont pas encore pénétré. Le « Mustang »
ne donne satisfaction qu'au galop, ou employé comme
cheval de trait léger. Ne lui demandez pas de trot;
sa structure, le peu d'ouverture de son poitrail s'y re-
fusent.

Aujourd'hui, la plupart des rancheros, sans cependant abandonner l'élève du « Mustang », voient bien
qu'il y a avantage pour eux à donner à cette race plus
de taille, plus de corps. Aussi possèdent-ils des étalons américains importés du Kentucky et de l'Orégon.

Ces croisements donnent de bons résultats, relèvent
le prix de vente des produits de trois à quatre fois la
valeur commerciale à laquelle atteint le pur « Mustang », que l'on peut encore acheter, à l'état plus ou
moins domestique, au prix de 15 à 20 dollars par tête.

Ce bas prix a été pour beaucoup dans la réduction,
comme quantité, du cheval de pure race californienne.
On a abusé largement de ces Mustangs, leur demandant toujours plus que leur force, ne leur donnant
aucun soin et une nourriture par trop insuffisante.

Au ranchero généralement appartient la production
du « Mustang ». Le fermier, par contre, s'en tient à l'é-
levage du cheval américain.

Beaucoup sont assez riches, assez amateurs de la
race chevaline, pour ne s'occuper que de la classe des
pur sang, appelés à figurer plus tard dans les courses
au trot attelé, pour lesquelles l'Américain se montre
si passionné, voire pour les courses au galop, qui,

depuis quelques années seulement, ont été introduites sur le turf de la Californie.

L'Amérique produit sans contredit les trotteurs les plus renommés. Dans un temps peu éloigné, il est probable qu'elle pourra avec avantage concourir pour les grandes courses plates au galop, tant en Angleterre qu'en France. Et qui sait si le futur vainqueur du Derby ou du grand prix de Paris ne sortira pas d'un haras californien? Car le climat de cette partie de la côte du Pacifique est éminemment propre à l'élevage du cheval. Quelques produits font déjà concurrence aux meilleurs poulains des haras du Kentucky. Sans exagérer, l'on peut dire que, sous peu d'années, les meilleurs chevaux américains auront été produits et élevés dans les fermes californiennes.

Le grand cheval de l'Orégon nous fournit la bête de gros trait.

Puis notre France a également contribué au développement de la race chevaline en Californie, par l'introduction de juments et étalons de Basse-Normandie, — ces puissants chevaux de gros trait que nous voyons à Paris, à Rouen, au Havre surtout, enlever des camions chargés de 3 à 4000 kilogrammes. Ils sont encore rares dans les régions de l'Ouest américain, malgré les hauts prix auxquels ils ont trouvé acheteurs (12 à 1500 dollars). La longueur du voyage, les risques de mer, puis les frais d'un si long transport, doivent être de sérieux obstacles à l'importation, en Californie, de ces beaux spécimens de l'élevage bas-breton.

XX

LES MINES DE CALIFORNIE

L'INDUSTRIE MINIÈRE
LA SPÉCULATION SUR LES ACTIONS DE MINES
LA MORALITÉ DE CES AFFAIRES
LES « PROSPECTEURS »
UNE VISITE DANS LES MINES DE « COMSTOCK »

Que de changements, de perfectionnements introduits dans l'industrie minière depuis trente ans, sur la côte du Pacifique! Et à quels puissants développements cette industrie, malgré tant de vicissitudes momentanées, a pu atteindre !

Lors de la découverte de l'or, le travail seul des placers occupa pendant plusieurs années les nombreux aventuriers qui vinrent de toutes parts se jeter dans ces contrées.

La richesse de ces placers était assez grande alors pour satisfaire toutes les ambitions. Et en résumé, elle ne les a pas satisfaites, car bien peu nombreuses sont les fortunes amassées à cette époque d'imprévoyance et de prodigalité. Il n'était question pour le chercheur d'or que de ramasser au plus vite les brillantes pépites, de cueillir de cette moisson ce qu'il était le plus facile d'amasser.

Pour tous instruments de travail, le mineur d'alors avait un pic qui lui servait à détacher les terres aurifères, un plat pour laver ces terres et ces sables à quelque courant d'eau ; une petite balance qui lui était indispensable afin de peser la poudre d'or recueillie, lorsqu'il avait à payer pour la farine, les fèves et le porc, formant la carte presque invariable de ses repas, ou le whisky et le Champagne qu'il absorbait abondamment et qui berçaient ses rêves de fortune.

Lorsqu'au moyen de ces instruments primitifs, la récolte de l'or ne donnait plus que des résultats médiocres, selon les idées du temps, le mineur levait son campement pour aller à la recherche de terrains encore vierges.

C'est ainsi qu'une grande partie de la Californie a été plus ou moins effleurée par les mineurs des premières années, dans les montagnes, les hauts plateaux, dans les vallées étroites, partout où se trouvait l'apparence d'un lit de rivière ayant existé antérieurement au bouleversement général du pays.

La persévérance de ces pionniers n'a jamais été grande. Puis le travail de ces placers entrainant le lavage des terres réclamait la présence de quelque cours d'eau, ou bien ne pouvait se faire qu'après la saison des pluies, de la fonte des neiges sur les hautes montagnes.

Depuis longtemps ce travail individuel du mineur

dans les placers a été presque totalement abandonné aux Chinois plus industrieux.

Quelques blancs s'y acharnent bien encore, de ceux qui, ayant par hasard fait une riche trouvaille, espèrent toujours retrouver quelque bonne fortune, à l'exemple de ces quatre Français, perdus dans les montagne depuis des années et qui vinrent un jour à San Francisco apporter à la vente un morceau d'or rencontré par eux sous un coup de pic. Ils cédèrent ce morceau au prix de 27,000 dollars (135,000 fr.). Cette somme aurait pu les aider grandement à mieux organiser le travail de leur mine, et ils en reçurent le conseil. Ils préférèrent dissiper cet argent en peu de jours en toutes espèces de prodigalités à San Francisco, et si complétement qu'on dut leur fournir les moyens de regagner leur montagne et leur exploitation.

Mais bientôt a commencé l'ère des grandes compagnies minières, qui ont repris ce travail des placers avec des procédés plus expéditifs de broyage, de lavage des terres aurifères et de récolte de la poudre d'or.

Il ne fallait pas moins que de grands capitaux pour mener à bien ces nouvelles exploitations, là surtout où le pays est privé de cours d'eau.

Avant d'installer ces machines hydrauliques si puissantes, qui creusent la terre, détachent la roche, la broyent, pour ainsi dire, afin qu'elle puisse passer dans des conduites d'eau dans lesquelles le lavage a lieu, où l'or roulé avec le mercure s'agglomère, puis tombe au fond des conduites et y est recueilli tous les mois, il a souvent été nécessaire de remonter à vingt ou trente milles dans les montagnes, d'y construire de grands réservoirs, dans lesquels les ruisselets du voisinage viennent apporter leur contingent, enfin d'amener l'eau de ces réservoirs par des canaux serpentant au versant des montagnes, construits de manière à obtenir une chute, un courant assez fort pour opérer un lavage satisfaisant des graviers.

Parfois l'exploitation de ces placers ne demande pas toutes ces dépenses préliminaires.

Les machines hydrauliques une fois placées, il suffit d'aller emprunter à un canal principal de l'un de ces immenses réservoirs, construits et possédés par quelque compagnie, l'eau nécessaire au lavage des terres aurifères.

Un canal ou conduite principale, dont la pente est bien ménagée, peut alimenter les prises d'eau de plusieurs exploitations de placers situées dans un rayon de 20 à 30 milles.

Chaque prise d'eau a droit, en payant une certaine redevance, à un nombre fixe de pouces d'eau à la minute.

Ces immenses réservoirs sont généralement construits de telle sorte que leur alimentation est régulière, et que, même en temps de sécheresse, le travail des placers qui en reçoivent les eaux est rarement exposé à des temps d'arrêt.

L'exploitation des placers, par les moyens puissants

auxquels on a recours actuellement, est sans contredit la branche de l'industrie minière qui promet de
donner les meilleurs résultats. Ces résultats pourront
être moins brillants que ceux des mines de quartz
d'or ou des mines d'argent, mais ils seront constants
et de longue durée.

Dans les placers on est beaucoup moins exposé aux
surprises, comme aussi aux désillusions. On a sous
les yeux, l'on peut calculer exactement la quantité de
terres à laver et estimer de même ce que chaque tonne
de gravier peut laisser après le lavage.

Il serait difficile d'apprécier quelle est la moyenne
du rendement par tonne dans les nombreux placers
californiens. Mais, lors même que la tonne de gravier
ne donnerait que dix à quinze cents d'or, l'exploitation
d'un banc serait, dans ces conditions, très rémunératrice. Et la moyenne que j'indique est en réalité au
dessous de celle obtenue communément.

Sans doute, de nombreuses compagnies américaines
et anglaises sont en possession des plus riches placers de la Californie. Néanmoins, cette exploitation, à
tout prendre, n'est guère qu'à son début. Du nord au
sud, dans les montagnes de cette côte, le champ est
vaste pour de nouvelles entreprises, avec la perspective de résultats favorables.

Cela réclame de grands capitaux, à la vérité, et les
milliers d'opérations minières en cours d'exploitation
dans tous les Etats du Pacifique absorbent la majeure
partie des ressources des capitalistes californiens.

Lorsque ces affaires seront mieux comprises, peut-

être attireront-elles davantage les millions qui restent
improductifs dans les banques et sur les grandes places du commerce en Europe.

———

La production de l'or dans les mines de quartz est
probablement aussi importante que celle des placers;
mais ici la certitude du travail rémunérateur est bien
moins acquise.

Il s'agit de sonder les entrailles de la terre, d'exploiter une veine de quartz aurifère dont la direction,
la régularité de formation, sont très capricieuses. Souvent il devient nécessaire de procéder à un travail très
coûteux avant de tomber sur la bienheureuse veine,
que les indications à la surface de la terre auront mon-
trée comme plus ou moins large ou riche, à des profondeurs variables et toujours incertaines.

Et lorsque la veine aura été attaquée, que tout le
minerai qu'elle comporte aura été extrait, peut-être à
quelques mètres plus loin, dans le puits ou le tunnel
creusé au versant de la montagne, la veine aura-t-elle
«pinched», c'est-à-dire qu'elle n'aura plus de corps.
Il faudra recommencer un travail de «prospect», de
recherches à droite ou à gauche, ou en profondeur
dans la terre, travail qui peut durer longtemps sans
amener le résultat désiré.

Un jour, le pic ou l'éclat d'un coup de mine mettra
à découvert une roche de la plus grande richesse. Le
cœur du mineur sera tout joie; mais de courte durée probablement seront ses rêves.

Quelques jours de travail au travers de cette roche démontreront que la veine n'a pas de consistance, qu'on a seulement frappé une poche, une « cheminée », comme on appelle ces surprises, et que de toutes parts autour de cette cheminée le roc est sans indications du précieux métal.

L'exploitation d'une mine de quartz demande ordinairement moins de capitaux que le développement d'un grand placer ou d'une mine d'argent.

Le minerai d'or, une fois extrait, est broyé, passé au moulin et livre généralement l'or à peu près pur à un chiffre de frais moins élevé et un travail relativement simple, en regard du traitement de la plupart des minerais d'argent, toujours mélangés au cuivre, au plomb et à d'autres métaux, à des sulfures dont l'élimination est parfois difficile.

Il est généralement admis que du minerai de 8 à 10 dollars d'or à la tonne est profitable à être travaillé, lorsque la mine possède un moulin, une chute d'eau, ou une machine à vapeur, le combustible et le bois de boisage à prix raisonnable. Ces mines de quartz donnent le plus souvent de 15 à 25 dollars d'or à la tonne comme moyenne du minerai.

Un grand nombre de mines d'or, exploitées en Californie à une certaine époque, ont été peu à peu abandonnées, soit qu'elles ne donnassent plus de résultats suffisants, alors que les transports étaient chers et que l'on en était réduit aux misérables « arastras » pour broyer la roche, ou plutôt par la raison que les capitaux disposés à s'intéresser dans ces affaires n'étaient

pas assez abondants pour fournir à toutes ces exploitations les moyens de se développer.

Aujourd'hui que la fortune du pays est prospère,
que la main d'œuvre a diminué, que l'on possède de
magnifiques moulins perfectionnés, et que tant d'entreprises minières ont, par leurs splendides résultats,
enrichi une certaine partie de la population, ou, pour
mieux dire, ont fait des « Crésus » d'une centaine ou
deux de particuliers, il est assez facile de trouver
des capitaux pour toute exploitation sérieuse d'une
mine. Aussi la plupart de celles qui ont été abandonnées, il y a 10 à 15 ans, reviennent-elles sur le marché à la recherche d'actionnaires.

L'exploitation minière la plus considérable sur la
côte du Pacifique est néanmoins celle des mines d'argent, ou or et argent.

L'Etat du Nevada, dans nombre de ses districts, présente des mines d'argent fort riches, surtout dans le
comté de Storey, si voisin de la Californie.

C'est sous «Virginia City », la ville principale du Nevada, situé à une altitude de 8000 pieds environ au-
dessus du niveau de la mer, que court la grande veine
argentifère appelée le « Comstock», du nom de celui
qui, dans ces contrées perdues et tout à fait désertes
alors (1858-1859), a le premier, sur les monts Davidson, trouvé les indices de cette agglomération si extraordinaire de minerai précieux.

Cette découverte a produit en Californie le premier

« excitement » vers les mines d'argent. Une véritable émigration s'établit de la côte du Pacifique à Virginia City. C'était à celui qui le premier foulerait ce sol si riche, y établirait ses droits à quelque parcelle de la veine découverte, dont l'œil peut, sur le haut de la montagne, suivre les « Croppings » (affleurements).

Pas n'était d'ailleurs absolument nécessaire que l'on s'assurât une partie de cette veine. L'esprit est farci d'illusions, d'espérances. Aussi toutes les terres aux alentours de Virginia City, sur une étendue de plusieurs milles, ont-elles été dès l'origine réclamées comme terrains miniers, dans lesquels, selon certains experts, quelque ramification de la grande veine du « Comstock » doit forcément existe r.

Dans les premières années de leur exploitation, les principales mines du « Comstock » ont produit de brillants résultats, ainsi les mines « l'Ophir », le « Savage », le « Gould et Curry », le « Hale et Norcross », le « Yellow Jacket ».

Ces diverses mines ont parfois atteint sur le marché de San Francisco des prix très élevés. Leur valeur intrinsèque y était sans doute pour beaucoup, mais le jeu et la spéculation y contribuaient pour la grosse part.

Ainsi a on vu les actions du « Hale et Norcross » atteindre à un moment donné le taux de 10 à 12 mille dollars l'une, alors que la mine n'avait pas de dividendes à distribuer et ne présentait qu'un avenir incertain.

Puis est arrivé le tour de la mine « Chollar Potosi »,

laquelle exploitation, pendant un an, a fourni à ses actionnaires 5, 10, enfin 15 dollars de dividendes par action et par mois, alors que ces actions ne pouvaient se vendre au-delà de 80 à 85 dollars l'une, ce qui représentait un joli bénéfice mensuel de 10 à 20 pour cent.

L'ère des dividendes a fini avec l'année 1870. Dès lors les actions de cette mine sont tombées au-dessous de 30 dollars, et les actionnaires qui n'ont pas su vendre, qui ont gardé leurs titres jusqu'ici, ont eu à payer dans la caisse de la compagnie autant d'appels de fonds (assessements « irish dividends », dividendes irlandais), qu'ils ont reçu de dividendes dans le cours de l'année 1870.

Après le « Chollar-Potosi », les mines du « Crown-Point et du « Belcher », à l'extrémité de la veine du « Comstock », ont commencé à remplir les poches de leurs actionnaires. La prospérité de ces deux mines a duré presque le même temps. Mais sur cette prospérité les gros bonnets de San Francisco ont su bâtir un marché factice en faveur de toutes les autres propriétés minières de Virginia City et pousser à des taux invraisemblables la valeur de vingt autres exploitations alors parfaitement improductives et destinées d'ailleurs à ne pas sortir de cette stérilité.

Ce fut la richesse pour quelques-uns, mais la ruine du plus grand nombre, lorsque le marché s'est effondré. A tel point qu'il a fallu plusieurs années de grande prospérité dans le pays en général pour réparer ces pertes et encourager les gros spéculateurs à recommencer une opération du même genre, supportée toutefois qu'elle devait être par des développements favorables dans quelque nouvelle mine.

Le « Consolidated-Virginia » et le « California », appelés aussi les mines de la « Bonanza », ont présenté ces développements en 1873-1874.

Aussitôt les journaux et grand nombre d'experts, tous plus ou moins avantagés par les propriétaires de ces mines, ont entonné la trompette de l'exagération. Et ces valeurs minières, qui allaient de 15 à 20 dollars l'une, ont facilement été poussées au-delà de 700 dollars, pour redescendre par grosses saccades à 250 et 200 dollars, dès que le chiffre des dividendes mensuels fut déterminé.

Le marché minier à San Francisco présente, en effet, ce fait singulier, que le prix des actions de mines ayant une valeur *prospective,* c'est-à-dire offrant dans leur exploitation des indications favorables de la présence d'un corps de minerais riches, est toujours beaucoup plus élevé que lorsque ce corps de minerai est attaqué en pleine voie d'extraction et que les compagnies minières peuvent ainsi payer des dividendes réguliers.

Il était généralement admis qu'un placement de fonds dans des actions de mines payant des dividendes doit rapporter le cinq pour cent par mois. Mais avec l'avénement des mines de la « Bonanza » les idées financières sur ce point ont cru devoir se modifier.

Les meilleures autorités scientifiques des Etats-Unis, appelées à visiter ces deux mines, ont été unanimes à proclamer que les richesses en vue et appréciables dans les travaux du « Consolidated Virginia» et du « California» s'élevaient à quelques centaines de millions de dollars et par conséquent pouvaient donner des dividendes mensuels pendant plusieurs années. Sur l'affirmation de la durée utile de ces mines, le public s'est laissé aller à ne plus prétendre à des bénéfices de 5 % par mois sur placements miniers, et à admettre que 3 % et même moins était un taux raisonnable d'intérêt.

Or, des 300 à 500 millions de dollars promis par les ingénieurs, à peine 65 millions avaient été partagés aux actionnaires, que déjà les mines de la «Bonanza» paraissaient ne pouvoir plus payer régulièrement le dividende d'ailleurs modéré qu'elles déboursaient chaque mois (environ 2 millions de dollars), et que, pour y satisfaire, la direction puisait au fonds-de-réserve.

Et malgré toutes les affirmations du contraire, cette «Bonanza» ne durera pas beaucoup plus longtemps que les Bonanzas antérieures.

Aussi la confiance est déjà ébranlée, la valeur des actions diminue et tend à s'établir de telle sorte que le revenu mensuel se rapproche de 5 %, et dans les premiers mois de 1878, ces mines ont même chacune donné plus de $7^{1}/_{2}$ %, soit 2 dollars par action et par mois, sur une valeur de 20 à 30 dollars l'une.

Avant la découverte, en 1873-1874, de cette «Bonanza» (veine énorme de minerais riches) dans la mine «Consolidated Virginia», cette mine comportait environ 1600 pieds de longueur de développement sur la grande veine du «Comstock». La compagnie était montée sur le pied de 16,000 actions. Vers cette époque, ces actions pouvaient valoir de 25 à 40 dollars l'une.

Peu après que l'exploitation de ce riche corps de minerais eut été sérieusement entamée, les actions ayant monté à 100 dollars, les directeurs de la «Consolidated-Virginia» ont jugé à propos de faire deux mines distinctes de ces 1600 pieds de veine. — Nous avons eu alors la «Virginia» et la «California», et au lieu des 1600 actions d'origine, chaque mine a émis 108,000 titres, soit ensemble 216,000 actions.

Cette émission s'est vendue dans le courant de 1875 dans les prix de 5 à 600 dollars par action, soit sur le pied de 110 à 120 millions de dollars pour les deux mines.

Puis, cette division n'ayant pas encore paru suffisante, et dans le but charitable de permettre aux petites bourses d'acheter ces titres plus facilement, les directeurs des deux mines ont porté le nombre des actions de chaque propriété à 540,000, soit 1,080,000 actions.

C'est sur ce chiffre que le dividende a été longtemps payé à raison de 2 dollars par titre, soit un dividende de 2,116,000 dollars par mois.

Lors du développement dernier du capital-actions, les titres de ces compagnies de la «Bonanza» se vendaient dans les cours de 100 à 120 dollars.

La baisse s'est faite plus ou moins promptement, malgré les dividendes. Ceux-ci sont descendus à un dollar par mois, puis $1/_2$ dollar, les actions se tenant encore dans les cours de 10 à 4 dollars; puis, vers la fin de 1879, l'ère des bénéfices a cessé. Aujourd'hui l'on peut acheter les titres de la « Bonanza » à 1 ou $1^1/_2$ dollar.

Le travail continue dans les mines, mais le minerai se fait rare; à peine extrait-on 500 à 600 tonnes par semaine, fournies principalement par les galeries exploitées il y a plusieurs années, et ce minerai ne *titre* guères plus de 25 à 30 dollars à la tonne. Sur ce pied, les frais sont à peine couverts et rien n'est moins improbable que la direction de ces mines n'en arrive à faire des appels de fonds à ses actionnaires pour payer les travaux de recherche, que l'on ne peut abandonner dans les niveaux inférieurs.

Au développement, à l'exploitation de ce riche corps de minerais rencontré dans les mines du « Consolidated Virginia » et du « California » doit être attribuée l'immense fortune que quatre Californiens persévérants et habiles ont su amasser en quelques années. Ces Crésus sont Messieurs J.-C. Flood, Wm-S. O'Brien, John Mackey et James Fair, associés sous la raison sociale « Flood et O'Brien ».

Il n'est pas à supposer qu'en 1872 ces spéculateurs miniers valussent plus de 200,000 dollars à eux quatre. Aujourd'hui leur fortune individuelle peut très probablement s'élever à 15 ou 20 millions de dollars. M. O'Brien, mort il y a deux ans, a du moins laissé environ 14 millions de dollars, chiffre reconnu par la Cour des testaments à San Francisco, et il était de beaucoup le moins riche de ce quatuor d'heureux spéculateurs.

————

Les mines d'argent, depuis quelques années, subissent dans leur production le grand escompte que la valeur de l'argent, en rapport avec celle de l'or, présente sur tous les marchés de l'Europe.

Précédemment, ce rapport était de 1 à $15^1/_2$ ou 16. Il est tombé de 1 à $18^1/_2$. Et les événements, les décisions de certains gouvernements relatives au maintien ou à l'abolition de l'étalon d'argent pourront encore influencer ces prix.

Il est cependant peu probable que la valeur de l'argent subisse une dépréciation beaucoup plus forte. En somme, on a exagéré le chiffre de la production de ce métal dans les mines de la côte du Pacifique. Depuis deux ans, la veine du « Comstock » ne donne presque plus rien; et « l'Arizona », tout en promettant beaucoup, n'est pas arrivé pour ses mines à une exploitation capable de combler le vide de la production argentifère à Virginia City.

D'un autre côté, les Etats-Unis sont occupés à faire rentrer les petites coupures de leur papier-monnaie pour les remplacer par la monnaie de change en argent, redeviennent un gros consommateur de ce métal.

Puis, aux grandes profondeurs où se fait actuellement l'exploitation des mines principales du « Comstock », c'est-à-dire à 2000 pieds et plus, les frais sont sensiblement plus élevés. Dans la «Consolidated Virginia» et le «California», aux grands jours de leur exploitation, le rôle des dépenses atteignait 5 à 600,000 dollars par mois, soit près du quart de la production mensuelle.

Il faut des pompes d'épuisement, des machines à monter le minerai d'une puissance énorme. Le nombre des mineurs employés est augmenté sensiblement par ce fait, qu'à ces grandes profondeurs la ventilation est difficile et que les ouvriers ne peuvent longtemps supporter une température de 150 à 175 degrés Fahrenheit.

Si, de plus, la théorie mise en avant est exacte, qu'à une certaine profondeur dans le «Comstock» il existe une vaste nappe d'eau, ce que l'expérience tend à confirmer, les frais d'exploitation devenant de plus en plus onéreux, il pourra très-bien arriver que le travail de certaines mines cesse d'être productif, lors même que l'on y rencontrerait de nouveaux corps de minerais de certaine valeur.

En vue de parer à ce grand inconvénient, une compagnie très puissante s'est organisée, il y a une douzaine d'années, pour creuser le tunnel «Sutro». Ce tunnel doit pénétrer les différentes mines du «Comstock» à une certaine profondeur, et ainsi faciliter l'écoulement des eaux, comme aussi la sortie du minerai extrait dans les galeries les plus basses.

Cette entreprise n'a jamais été vue de bon œil par les compagnies minières, pour beaucoup de raisons, mais pour celle surtout que le Sutro-tunnel prétend prélever un prix assez élevé pour chaque tonne de minerai dont la sortie se fera par le tunnel.

L'état des travaux de cette entreprise est très avancé; la tête du tunnel pénètre déjà dans les galeries de la mine « Savage ». L'écoulement des eaux de la plupart des propriétés des environs se fait facilement, la ventilation est meilleure. Mais il faudra encore quelques millions pour terminer ce vaste projet de M. Sutro, qui a eu à combattre mille obstacles, soulevés en Californie et à Washington par le mauvais vouloir des sénateurs du Nevada au congrès des Etats-Unis, tous deux représentants des plus gros intérêts du « Comstock ».

———

Sur une longueur d'environ trois milles, la veine du « Comstock » est la propriété de 20 à 30 compagnies sérieuses. Mais toute la contrée, dans un rayon de 7 à 8 milles, sur le versant des montagnes, au loin sur le plateau autour de Virginia-City, est actuellement couverte de locations minières, prétendant toutes, naturellement, posséder quelque ramification de la grande veine. Beaucoup de ces locations remontent au premier temps de la découverte des dépôts argentifères de Virginia-City, mais la plupart ont été organisées depuis 6 à 7 ans, période pendant laquelle le marché minier de San Francisco a subi les mouvements les plus prononcés de hausse et de baisse.

Pour les sept huitièmes, ces locations sont des « Wild Cats » (chats sauvages), nom sous lequel sont connues ici toutes ces entreprises sans avenir, dans lesquelles vont s'engloutir les ressources des petits spéculateurs et des jobards.

Dans quelque moment où le marché, pour une raison quelconque, légitime ou toute de spéculation, est poussé par les gros faiseurs, que les cours de toutes les valeurs minières d'un district atteignent à des cours ridicules, ces actions de « Wild Cats » sortiront certainement de. leur torpeur et vaudront quelques dollars, lors même que les acheteurs, le plus souvent, sont fixés sur la valeur négative de ces titres.

Les minerais extraits de la veine du « Comstock » donnent une proportion plus ou moins considérable d'or, soit de 20 à 45 % de leur produit ; le reste est de l'argent. La tonne de minerai varie en valeur de 25 à 200 dollars, davantage parfois, mais une moyenne de 100 dollars à la tonne de 2000 livres est considérée comme très favorable. Le minerai n'essayant pas plus de 25 dollars est classé dans les non-valeurs. Sorti de la mine, il va augmenter les millions de tonnes que l'on peut voir à l'ouverture des puits ou à quelque distance des exploitations. Car il en coûte près de 20 dollars pour extraire une tonne de minerai, la passer au moulin et en extraire le métal précieux.

Le temps n'est pas éloigné sans doute où, par suite de réduction dans les salaires et la découverte de moyens perfectionnés pour le traitement de la roche, ces énormes quantités de minerais pauvres seront travaillées avec profit.

D'ailleurs, si les moulins appartenaient aux mines mêmes, faisaient partie de l'exploitation, bien certainement il serait actuellement utile aux compagnies minières de traiter ces minerais pauvres, car le bénéfice du moulin, en demandant 12 à 15 dollars par tonne, pour broyer, amalgamer et couler en barres, est assez considérable et doit bien représenter environ cinq dollars à la tonne brute de minerai.

Mais, à peu d'exceptions près, ces moulins sont la propriété de quelque compagnie de capitalistes et sont exploités à leur propre bénéfice. Et comme ces capitalistes sont presque toujours les directeurs des principales mines du « Comstock », sans toutefois que leur intérêt-actions soit de quelque importance dans la mine même, excepté peut-être à l'époque de l'élection du comité de direction, ils trouvent une occasion splendide d'occuper leurs moulins avec le minerai que ces mines donnent, que ce soit du minerai relativement riche ou de la roche pauvre payant à peine les frais d'extraction et de broyage.

Si, par suite de ces arrangements, toujours favorables aux directeurs, le produit de la mine ne couvre pas les frais d'exploitation, il y a l'actionnaire pour combler le déficit et vite l'on fait un appel de fonds.

C'est un engrenage, si l'actionnaire ne se décide pas promptement à se défaire de ses titres. La valeur de ces derniers n'en sera pas plus rehaussée après plusieurs appels de fonds, que le matériel de la Compagnie transatlantique n'aura valu après les millions dépensés en réparations et améliorations, malgré la thèse soutenue jadis sur ce point par le défenseur de la dite Compagnie, dans certaine séance du Corps législatif.

———

Il est rare qu'une année se passe sans que l'attention du public ne soit fortement attirée sur quelque nouveau district minier jusqu'alors parfaitement inconnu.

Des rapports d'experts, de vieux mineurs, de journaux payés pour la besogne, viennent enflammer l'esprit de tous ces chercheurs de fortunes, si nombreux en Californie. C'est alors à qui se rendra dans le nouveau district, pour être des premiers à faire un bon choix, à ouvrir quelque puits dans le sol, afin de démontrer la richesse de la découverte, et, généralement peu rassuré sur ce point, à chercher quelques dupes, acheteurs de ses droits.

C'était, il y a quelques années (1868-1869), la rage de courir aux mines du district de « White Pine », dans l'Etat du Nevada.

Sur plus de cent mines ouvertes dans ces régions, deux ou trois, peut-être, ont été définitivement exploitées avec plus ou moins de constance, mais certainement fort peu au profit des actionnaires. Et cependant la plupart des mines de ce district ont, à l'époque de la découverte, été vendues et revendues tant à San Francisco qu'à Chicago et à New-York. C'étaient des mines de « base metal », c'est-à-dire produisant un minerai d'argent entremêlé de sulfurets, sinon riches, toujours très difficiles à réduire et ne laissant guère de bénéfices après déduction des frais du moulin. Le temps viendra peut-être où ce travail pourra être entrepris dans des conditions plus économiques. Beaucoup de nouveaux procédés ont été expérimentés ces années dernières pour la réduction de ces minerais de « base metal », très abondants d'ailleurs. Les résultats obtenus jusqu'ici ne paraissent cependant pas avoir été satisfaisants, ou bien les dépenses qu'entraine la mise en pratique de ces procédés sont hors de proportion avec les résultats obtenus.

Puis nous avons passé par « l'excitement » des mines de « Julian » et de « Banner », districts situés dans les montagnes du Sud, presque aux confins de la Basse-Californie.

Les vapeurs en destination de San Diego, port le plus rapproché de ces districts et situé à 600 milles au sud de San Francisco, ressemblaient à des « ferry-boats » (bateaux employés au passage des rivières aux Etats-Unis), sur lesquels s'entassaient tous ces gens pressés d'aller cueillir les richesses du nouveau district minier. Il n'était pas question de s'assurer si le bateau pouvait offrir une simple place pour coucher pendant trois jours de traversée, ni si l'on trouverait à bord une maigre pitance. En avant quand même vers l'Eldorado promis ! tout était sacrifié à ce but. Les attraits de la fortune sont si réjouissants, qu'ils font passer sur tous les inconvénients passagers de la vie.

En somme, ce pays minier de « Julian » n'a pas été une découverte tout à fait fallacieuse. Elle enrichit encore quelques heureux mineurs et plusieurs moulins à quartz.

Ensuite nous avons eu le grand « excitement » du « Panamint », à peu près dans les mêmes régions. Dans cette affaire se trouvait mêlé un des honorables sénateurs du Nevada, grandement intéressé dans toutes les mines du pays et autres entreprises financières de la côte du Pacifique. Le commencement de sa fortune date de la découverte du riche corps de minerais dans le « Crown Point », sur la veine du Comstock, mine dont il était le superintendant. Son individualité, en ce lancement d'un nouveau district minier, a paru à beaucoup de gens une assurance de succès.

Le sénateur Jones a largement payé de ses écus l'exploitation des mines de « Panamint », pays des plus perdus que l'on puisse imaginer.

Son initiative a amené la construction d'une route conduisant à ce district minier, à l'établissement de travaux d'eau dans ces montagnes arides, à l'érection de nombreux moulins pour le service des mines.

Tout était combiné pour faire de ce camp minier de Panamint un rival de « Virginia City ».

Mais bientôt les résultats ne parurent pas répondre aux belles apparences à la surface que ces exploitations permettaient d'espérer.

Aujourd'hui Panamint est presque abandonné, sauf par le personnel d'une ou deux mines, qui persiste à chercher en profondeur le riche minerai rencontré dans les creusages de surface. Ce n'est pas, sans doute, une affaire perdue, mais il faudra beaucoup de persévérance et de capitaux pour rendre à ce district minier une valeur surfaite au début.

Le sénateur Jones peut d'ailleurs avoir la foi. Il était intéressé déjà dans les entreprises minières du « Comstock » à cette époque où les principales mines sur la dite veine, après avoir été travaillées avec succès jusqu'à des niveaux de 6 à 700 pieds, ne donnèrent plus que de la roche dépourvue de métal, et que deux des principaux ingénieurs des mines de France, envoyés par leur gouvernement pour examiner le « Comstock », déclarèrent positivement que cette veine était épuisée et qu'on ne trouverait plus rien dans des travaux en profondeur. Les Compagnies principales à Virginia City ne perdirent point courage, continuèrent à foncer leurs puits et leurs galeries jusqu'à plus de mille pieds, et enfin tombèrent, à peu près dans ces niveaux, dans la mine « Crown Point », sur un immense corps de minerais riches. Et à plus de trois milles de là, le même incident se produisit dans les mines de la « Bonanza », où la roche la plus riche fut extraite dans les profondeurs de 1100 à 1600 pieds.

Ce dernier « excitement » de Panamint, s'il n'a pas rempli l'escarcelle des initiateurs, a eu cela d'utile, d'attirer toute une population dans un pays jusqu'alors presque inexploré. Elle n'est pas restée dans l'Eldorado qu'on lui promettait, mais elle a fini par s'implanter dans ces contrées désertes et y a formé en plusieurs sections des camps miniers dont l'avenir n'est point du tout décourageant.

La loi minière de Californie permet à tout citoyen américain, ou à toute personne ayant rempli sa déclaration de « devenir citoyen », de faire la location de deux cents pieds de terrain minier sur la longueur d'une veine découverte.

Cette location (concession) n'est toutefois reconnue valable qu'à la condition formelle que le concessionnaire fasse sur le terrain concédé une somme de travail estimée à cent dollars par an.

Si cette somme de dépenses, en perfectionnements, en exploitation, n'est pas prouvée jusqu'à l'époque à laquelle il peut convenir au « claimant » (celui qui a découvert une mine et en a demandé la concession) d'acheter le terrain, en obtenant la patente des Etats-Unis pour cet achat, il est loisible à tout autre citoyen de « jumper », c'est-à-dire de s'emparer du dit terrain, en accomplissant naturellement les formalités voulues par la loi.

« Jumper » une location est une affaire de chaque jour en Californie. Le premier occupant a perdu ses droits. Les Etats-Unis sont prodigues de concessions, mais le gouvernement exige qu'on ne laisse pas ces concessions en friche.

Une Compagnie incorporée ne peut, à l'origine, occuper au-delà de 1600 pieds sur une veine, en acquérant au préalable les droits de huit locataires ayant « claimé » 200 pieds chacun.

Pas n'est besoin, d'ailleurs, que ces huit individus aient vu la mine une seule fois. C'est tout une transaction de complaisance.

Celui qui a découvert une veine commence par la réclamer pour 200 pieds en son nom, puis il délimite sept autres locations de 200 pieds, sous le nom de sept hommes de paille, qui lui cèdent ces concessions par un titre, le plus ordinairement sans aucune compensation. C'est un service que l'on se rend volontiers, car soi-même l'on peut être appelé à le réclamer quelque jour.

Voilà donc un homme substitué aux droits que la loi ne reconnaît qu'à huit différents individus. Probablement le cas ne s'est jamais présenté que l'autorité ait recherché si cette loi avait été duement et honnêtement observée.

Si cet homme, devenu propriétaire d'une mine de 1600 pieds de longueur de veine, par exemple, possède quelque capital, il commencera par ouvrir un puits sur l'endroit où la veine est le mieux dessinée à la surface. Il creusera à 20, 30 ou 50 pieds, en suivant la paroi de la veine. Il ouvrira même quelque galerie transversale, afin de s'assurer que le filon a bonne consistance et de pouvoir le démontrer à ceux qui doivent devenir ses acheteurs.

Et, muni de quelques échantillons de minerais qu'il aura choisis avec soin parmi les plus riches, ou même qu'il aura ramassés au hasard, — car quelque honnête homme que nous le puissions supposer en cette collection d'échantillons, il est presque impossible que ce choix représente une moyenne fidèle de la roche, — il fera essayer ce minerai par quelque chimiste et, muni de certificats d'essais, le voilà à la recherche d'acheteurs.

———

Ce métier de « prospecteur » (découvreur de mines) est très en vogue sur toute la côte du Pacifique. Le mineur expérimenté y trouve souvent de riches aubaines.

Mais cette profession, la vie du « prospecteur », est excessivement rude. Aussi, lorsque quelque rencontre heureuse, qu'il aura vendue, a rempli la bourse du mineur, il est rare que ces gains ne soient promptement dissipés en toutes espèces d'orgie.

A bout de ressources, le prospecteur est rarement sans crédit. Il trouvera dans quelque magasin de l'intérieur, où il aura dépensé une partie de son argent, tout ce dont il aura besoin en vivres, ustensiles de campements, instruments de travail, bêtes de somme, afin de commencer une campagne nouvelle de « prospect ».

Au retour, dans un mois ou deux peut-être, il règlera ses comptes avec diligence, car il sait que bientôt il aura besoin de nouveaux crédits.

Le « prospecteur » s'engage rarement seul dans ces campagnes de découverte. Il prendra avec lui quelques associés, gens du métier d'ailleurs. Ces rudes mineurs, malgré leur tournure rébarbative, lorsque vous les rencontrez au milieu des montagnes, pendant leur période de travail, alors que l'argent ne sonne pas dans leurs poches, que la provision de whisky ne

peut être aisément renouvelée, sont en général d'excellents diables.

Très peu intéressés par nature, pour le moindre
service que vous leur rendrez, ces prospecteurs vous
donneront volontiers la seule chose qu'au surplus ils
possèdent : quelque location de mines qu'ils viennent
de faire. Que cette mine tourne à bien, qu'elle vous
enrichisse, ils l'apprendront avec plaisir, sans chercher à ce que vous leur offriez une compensation.

Il est rare que les découvreurs de mines soient
ceux qui les exploitent. L'argent leur manque à cet
effet. Ils chercheront à vendre leur trouvaille à quelque capitaliste et ne seront pas exigeants dans leurs
prétentions.

Si la mine, après quelque travail, donne à croire
qu'elle a du corps, de l'avenir, elle sera certainement
exploitée par celui qui l'aura achetée et qui aura intéressé quelques amis dans sa bonne chance.

Si l'entreprise ne promet pas d'utiles résultats,
soyez certains qu'elle ne sera pas abandonnée pour
cela. On trouvera à former une Compagnie incorporée sous les lois de l'Etat, avec un capital de quelques
millions divisé en 50 ou 100,000 actions, d'une valeur
nominale de 100 dollars l'une.

Il est inutile qu'à l'émission il soit versé un cent de
ce capital. La fortune de la Californie ne suffirait pas
à former la centième partie d'un premier appel de
fonds du capital nominal des 4 à 500 Compagnies mi-

nières qui sont incorporées chaque année sur la côte du Pacifique.

La grande affaire, pour les Compagnies ainsi montées par actions, est de placer ces titres pour tout ce que l'on pourra en obtenir à force de réclame, de recommandations, par tous les moyens plus ou moins délicats que les courtiers, en ces sortes d'affaires, savent bien employer.

L'essentiel est d'avoir des actionnaires.

Si l'action se place facilement à quelques dollars la pièce, la spéculation prend bonne tournure. Les directeurs de la Compagnie retirent largement le montant de leurs premiers débours. Mais comme la question est de vendre le plus grand nombre d'actions, le prix à obtenir pour ces titres n'a qu'une importance secondaire. Si l'on ne peut en avoir un dollar, l'on prendra 50 cents. Les directeurs vendront naturellement leur part au mieux possible, ne restant actionnaires que pour quelques titres seulement, afin de se conformer à la loi, qui ne permet pas à un directeur de Compagnie minière ou autre, d'être dépourvu de tout intérêt dans une entreprise qu'il est appelé à diriger.

D'ailleurs, pour être en règle sur ce point, il suffit d'être porté sur les livres de la Compagnie comme possesseur d'une action.

Lorsque le capital-actions est ainsi bien répandu dans le public, par quelques manipulations de bourse, des achats et des ventes fictives, la direction sait procurer une cote aux titres.

Ce sera le moment de «lever un assessement», c'est-à-dire de faire un appel de fonds de 25, 50 cents, voire un dollar par action. Car il faut bien travailler la mine, acheter quelque moulin.

Les actionnaires se résignent.

Quand bien même on leur aurait représenté, avant qu'ils achetassent leurs titres, que le travail de la mine donnerait de suite des résultats, ils l'auront peut-être espéré, mais enfin qui ne sait qu'en ces entreprises minières il y a tant d'imprévu!

Les directeurs ne possédant plus d'actions, ou en tous cas fort peu, n'auront pas à faire leur part de ce premier assessement. Mais ils auront ainsi le maniement des fonds prélevés sur les actionnaires. Et la part de ces fonds qui sera vraiment affectée à l'exploitation de la mine ne sera pas lourde.

Ils décideront l'achat d'un moulin, qu'ils contracteront à bas prix, pour le revendre avec bon bénéfice à leur Compagnie. Ils voteront, comme absolument nécessaire, l'acquisition de quelque terrain joignant la mine, sous prétexte que la veine doit y pénétrer. Ce terrain n'aura aucune valeur. Ils sauront traiter en sous-mains pour une obole, et le feront payer le plus cher qu'ils pourront à la Compagnie qu'ils administrent si habilement. Ils feront des contrats avec quelque entrepreneur pour les travaux à exécuter dans la mine, le creusage du puits principal, le bois que le moulin et les machines consomment. Ces contrats leur donneront toujours un bénéfice dont l'entreprise fera les frais. Bref, d'une manière ou de l'autre, ce premier assessement glissera entre les doigts des directeurs.

Il faudra bien laisser s'écouler quelques semaines avant de recommencer le jeu, c'est-à-dire le temps à peu près raisonnable pendant lequel l'exploitation d'une mine peut à la rigueur coûter 25 ou 50, même 100,000 dollars.

Alors la direction informera les bons actionnaires qu'un second assessement a été levé, toujours pour travailler la mine, dont l'état d'exploitation ne peut encore donner de résultats.

Au surplus, elle ne donnera pas d'explications; ce serait trop fastidieux. Les porteurs de titres qui ne seraient pas satisfaits de la sagesse des administrateurs auront la ressource d'aller s'éclairer auprès du secrétaire de la Compagnie, lequel, d'ailleurs, ne-sait ou n'est censé savoir que ce que les directeurs veulent bien lui faire connaître. Car, s'il y a une correspondance officielle entre le secrétaire de la Compagnie et le superintendant à la mine, ce dernier correspond sous-mains avec le président de la direction et tripote avec lui les affaires de la Compagnie.

Peut-être, lorsque ce second ou troisième appel de fonds aura été décidé, la valeur des titres sur le marché représentera-t-elle quelque chose encore. Pour ne pas tout perdre, le prix d'achat et les assessements déjà payés, le malheureux actionnaire, toujours murmurant, ira solder cette nouvelle réquisition.

Mais un quatrième, un cinquième appel deviendront nécessaires et seront par conséquent levés par la direction. Et toujours la mine ne donnera pas le premier cent des dépenses d'exploitation. De plus, la valeur des titres sur le marché sera à peu près nominale ou descendue à zéro.

Les actionnaires ne se contenteront plus de murmurer. Ils crieront au voleur. Ils se feront tirer l'oreille pour payer ce nouvel assessement, ou bien ils ne le paieront que partiellement, c'est-à-dire sur un certain nombre de titres.

A jour fixe, la Compagnie fera vendre publiquement les actions sur lesquelles le versement réclamé n'aura pas eu lieu.

Comme ce que le commun des mortels peut connaître de la situation de l'entreprise n'a rien d'encourageant, les acheteurs seront fort rares, et la Compagnie se portera preneur des actions délinquantes.

Ou bien, si les directeurs pensent que, malgré tout, il y a quelques apparences que la mine donne prochainement des résultats satisfaisants, ils trouveront à faire acheter par quelque homme de paille et pour le prix de l'assessement exigible, les actions sur lesquelles les porteurs ne veulent pas s'exécuter.

Si la corde n'est pas absolument usée, les administrateurs essayeront probablement de lever un nouvel appel de fonds.

C'est un peu dangereux sans doute, car les actionnaires, qui jusqu'alors auront tenu bon, deviendront exaspérés et pourront demander que la loi les protége. Mais encore est-il problématique qu'ils osent en venir là, sachant tous les obstacles que la direction pourra leur opposer, lorsqu'ils chercheront à formuler positivement leur plainte devant le juge. Et ils n'ignorent pas la petite part de chances qu'ils auront à obtenir redressement dés dispensateurs de la loi.

Mais bien certainement ce nouvel assessement ne sera pas payé. Les actionnaires auront reconnu, un peu tard, qu'ils ont mis le pied dans un guêpier, dans un engrenage, et qu'il vaut décidément mieux y laisser ce pied, que d'y voir passer tout le corps. Ne payant pas, ils perdront leurs actions; car le procédé de la vente publique viendra de nouveau rendre à la Compagnie, c'est-à-dire à la direction, les titres qu'elle aura émis et vendus à tant de dupes.

Cette manière de se débarrasser d'actionnaires, en les fatiguant par de fréquents appels de fonds, afin de nourrir une entreprise qui n'en vaudra pas mieux pour cela, s'appelle en Californie « to freeze out », c'est-à-dire « geler » l'actionnaire.

Si le coup a bien réussi, que presque tous les titres émis sont rentrés dans la caisse de la Compagnie, quelques mois après, peut-être, les malheureux actionnaires, ainsi dépouillés, seront plus ou moins surpris d'apprendre que la mine, à l'exploitation de laquelle ils ont si bien contribué, a découvert une riche veine que vraisemblablement le superintendant aura dissimulée jusqu'à ce jour.

En 1870, les actions du « Crown Point » étaient tombées à trois dollars l'une et avaient à régler un assessement de trois dollars également par titre. Cet appel devenu exigible (a-t-il été payé en tout ou partie par les actionnaires? c'est la question), le bruit se répandit d'une riche découverte dans la mine. La hausse prit de grandes allures, car ces actions atteignirent en un an, peut-être, le cours de 2000 dollars, et le « Crown Point » déboursa à ses actionnaires entre 12 à 15 millions de dollars pendant les années 1872 et 1873.

Mais la durée des dividendes n'a qu'un temps. La mine s'épuise, la baisse se fait sur les titres. Les directeurs ont la précaution de se débarrasser vite et bien des intérêts qu'ils ont dans l'entreprise. Ils pourront alors se trouver en présence d'une nouvelle série d'actionnaires et essayer sur eux une période d'assessements. Si c'est praticable, croyez qu'ils n'y manqueront pas.

— Ceci a été l'histoire de l'exploitation des mines dans les douze dernières années. Cette flibusterie n'a pour ainsi dire pas trouvé d'obstacles devant elle. Encore aujourd'hui ce vol organisé, qui a enrichi la plupart des gros bonnets de la spéculation minière, se continue et rapporte même davantage, en ce sens que le nombre des mines incorporées a été très sensiblement augmenté.

Un syndicat d'actionnaires maltraités peut parfois arriver à mettre à la porte une direction coupable de malversations. Quant à réussir à faire rendre gorge aux administrateurs, l'exemple est encore à venir. Et le plus souvent ce changement dans une direction de compagnie minière est le changement d'un cheval borgne pour un aveugle. Les nouveaux directeurs ne seront ni plus probes ni plus délicats, et l'actionnaire sera quand même appelé à enrichir ceux qu'il aura choisis à l'effet de défendre ses intérêts.

———

Vers 1872, un Français exploitant une mine d'or dans l'intérieur vint me trouver à San Francisco.

Quelque temps auparavant, il avait vendu la dite mine à une Compagnie d'Irlandais pour une somme de 15,000 dollars comptant, plus 4500 actions du capital créé par la Compagnie. L'administration, et il en faisait partie, car il représentait le tiers des actions, lui promit, ce qu'il crut facilement, la mine étant en exploitation utile, de ne pas faire d'appels de fonds, les bénéfices permettant d'apporter dans l'exploitation les modifications désirables.

Un mois après la vente, la direction de la mine, à San Francisco, décidait d'appeler un assessement d'un dollar par action. Le pauvre Français cria bien, mais il paya. Dans les six mois qui suivirent, un nouvel assessement de 50 cents fut levé. Le mineur, désespéré et naturellement en minorité dans le comité de direction, se décida à descendre à San Francisco. Il ne put obtenir que l'appel de fonds fût annulé, malgré son incontestable superfluité. C'est alors qu'il arriva chez moi, me demandant conseil. Je connaissais le président de la mine et j'allai le trouver.

— Certainement, me dit-il, la mine donne de bons résultats, des appels de fonds ne sont pas précisément nécessaires, mais nous tenons à nous débarrasser de l'ancien propriétaire.

— Pourquoi ne lui achetez-vous pas ses actions? demandai-je, il vous les cédera sans doute.

— Bah! acheter; à quoi bon? nous arriverons bien à le fatiguer et à lui faire lâcher la partie. Mais pourquoi ne prenez-vous pas sa place? continua l'Irlandais; avec vous, nous nous arrangerons.

Cela ne pouvait me convenir. Je rendis compte au mineur français de ce qui s'était passé dans l'entrevue.

— Bien, Monsieur, me dit-il. Voici mes 4500 actions. Je vous les cède, si vous voulez faire face à l'appel de fonds exigible. Je ne suis pas de taille à lutter.

J'acceptai la proposition, en assurant le brave mineur que je lui tiendrais compte équitable de l'affaire en cas de réussite.

Je payai de mes deniers l'assessement de 50 cents, mais je ne voulus pas accepter de faire partie de la direction.

Je revis le président de la Compagnie. Il m'assura que non seulement il était heureux du changement d'actionnaire, mais que je pouvais être persuadé d'en être quitte quant aux appels de fonds.

Un an se passa. La mine donnait des bénéfices convenables, dont à la vérité la poche des actionnaires ne s'aperçut guère. Puis, un jour, je lus dans les journaux qu'un troisième assessement de 50 cents avait été levé.

— J'ai bien peur que ce ne soit décidément à votre intention, me dit le président de la Compagnie, en souriant. Il paraît qu'il ne nous manque plus que votre lot d'actions pour que la propriété soit entièrement à nous. Vous voyez que je joue cartes sur table avec vous et j'ajouterai le conseil de vendre votre intérêt, si vous trouvez quelque amateur.

A bon entendeur, salut. L'engrenage était bien ouvert sous mes pieds. Je reculai, je ne voulus pas payer l'assessement, ni entamer un procès, ni trouver une dupe. Les 4500 actions du mineur français passèrent en vente publique, pour non-paiement de l'appel de fonds exigé, rentrèrent dans la caisse de la Compagnie et j'en fus quitte pour quelques mille dollars de ma poche.

———

L'Américain, en général, se tient pour l'homme le plus « smart » (habile) de la création ; c'est-à-dire qu'il se prétend, plus que tout autre, capable de faire des dupes, tout en n'étant jamais dupé.

C'est vraiment son grand défaut de se croire habile, son orgueil de s'entendre appeler « a shrend man », c'est-à-dire un homme assez intelligent pour toujours avoir la meilleure part du gâteau, sachant, en affaires, naviguer sur les confins de l'honnêteté. Connaissant assez les lois en la matière, pour ne pas tomber sous leur coup, il trouvera le moyen de se sortir d'un mauvais pas, grâce à quelque vice de forme de ces lois mêmes : une « technicality », comme ils disent de ces moyens échappatoires.

Aux Etats-Unis, l'on juge entièrement selon la lettre de la loi. Ce qu'elle ne défend pas nominativement est hors d'atteinte.

Cependant, tout « smart » que se prétend l'Américain, il sera encore l'homme le plus facile à duper, à entraîner dans ces entreprises aléatoires, si nombreuses, qui fleurissent sur son territoire. Engagé dans une affaire, il se laissera plumer longuement, cherchant peu à se défendre, à moins que l'opération ne devienne par trop cruelle et onéreuse.

Il aura une confiance très patiente dans les gens à la tête d'une entreprise, à la condition surtout que ce soient des gens riches ou réputés tels. L'honnêteté d'un administrateur a moins d'importance que sa fortune, car l'actionnaire croit toujours qu'il y a plus de chances à profiter des manipulations des faiseurs et gros spéculateurs, que des actes d'une direction probe, ne jouant pas, s'occupant des intérêts qui lui sont confiés, sans chercher à profiter, pour spéculer, des facilités que cette position lui offre. C'est essentiellement le cas dans les Compagnies minières, dont les actions sont sur le marché et ont cote à la Bourse.

Que la mine soit exploitée dans l'espoir d'arriver à payer des dividendes, là est moins la question pour certains porteurs de titres, pour les joueurs sur le grand marché minier, que d'avoir cette assurance de voir pendant l'année plusieurs mouvements de hausse et de baisse, sans motifs d'ailleurs, dont ils pourront profiter en combinant toutes espèces d'achats et de ventes.

Au début, les mines du « Comstock » n'avaient guè-res de capital-actions dépassant 12 à 16,000 titres. Alors les directeurs de ces entreprises se contentaient généralement de lever des assessements de 2 à 3 dollars par action.

On a trouvé dès lors une meilleure combinaison : le fractionnement des actions. La mine, qui avait 16,000 titres, en représente actuellement 100,000. Mais aussi, au lieu de payer des assessements de trois dollars par action, l'on paie un dollar et la direction voit entrer dans ses caisses 100,000 dollars, alors que précédemment elle ne tirait que 48,000 dollars d'un appel de fonds.

Cette division du capital-actions a naturellement amené une réduction relative dans la valeur des titres. Mais elle a permis à toutes les petites bourses de faire l'emplette de 10 à 20 actions, ce qui a plus facilement distribué le papier des Compagnies.

Qui ne pourrait acheter 10 actions ?

Autrefois ces 10 actions n'en représentaient qu'une ou deux, et quel était le courtier qui se serait donné la peine d'acheter si mince quantité pour satisfaire sa clientèle ?

Dans le temps, la spéculation minière avait un nombre restreint d'adeptes. Aujourd'hui la population tout entière trouve les moyens de tenter la fortune dans les affaires de mines, depuis la servante irlandaise au nègre qui cire vos bottes. Et sans doute le Chinois y met également la main, voyant tant de gens s'enrichir rapidement ou se ruiner.

La création du «San Francisco Stock board», autrement dit «la Bourse aux actions de mines», a eu pour principal promoteur un Français.

Sans doute, la Bourse a donné un grand élan aux entreprises minières sur la côte du Pacifique, en procurant un marché et une cote officielle aux actions.

Mais cette organisation a surtout profité aux mauvaises affaires. Celles qui sont vraiment solides et d'avenir n'ont guères besoin de l'entremise d'une Bourse pour trouver des actionnaires. Les capitalistes savent se les réserver entre eux. S'ils ont recours au «Stock board», c'est presque sans exception alors que la mine donne des signes d'épuisement et que l'on a besoin du bon public pour lui faire endosser les actions et les risques.

Les gros spéculateurs ont naturellement eu le plus beau profit de l'installation de ces Bourses, comme aussi les membres de la corporation des courtiers, qui ont vu leurs charges se vendre à 40,000 dollars l'une, alors qu'elles ne valaient pas 1000 dollars en 1869.

New-York, de son côté, vient d'organiser un «stock board» exclusivement réservé aux opérations en actions de mines.

Celui qui trouvera un nouveau truc pour arriver à vendre des propriétés minières, qui saura inventer un nouvel appât pour pêcher des actionnaires, aujourd'hui défiants, aura sa fortune faite en Californie.

On a essayé de tout un peu pour trouver des dupes, soit dans l'Est des Etats-Unis, soit en Angleterre, voire en France, où grand nombre de mines ont été placées à bons prix. Le jeu est trop éventé; et si le Yankee ou l'Anglais se laissent encore prendre à mettre leurs capitaux dans les exploitations minières de la côte du Pacifique, ils s'entourent de précautions, envoient leurs propres ingénieurs vérifier la condition d'une exploitation qui leur est offerte, et n'achètent guères aujourd'hui qu'à bon escient, à moins toutefois que leurs ingénieurs ne se laissent corrompre par les spéculateurs californiens, ce qui arrive d'ailleurs assez fréquemment.

De tous temps des fraudes abominables ont été perpétrées, lorsqu'il y avait à attirer l'actionnaire ou quelque Compagnie disposée à acheter telle ou telle mine.

Peu après la découverte du «Comstock», dans un ou deux cas, alors que des propriétaires de mines voulaient se défaire de leurs exploitations ou seulement faire un coup, ne les a-t-on pas vus envoyant de San Francisco des barres d'argent et d'or à leurs mines, puis faisant réexpédier les mêmes barres à San Francisco, où alors, par d'adroites manœuvres, on les représentait comme le produit de la mine même. Un ou deux envois de ce genre, habilement exploités, amenaient plus de dupes qu'il n'y avait d'actions à vendre.

Puis, dans les mines de quartz, l'on rencontrait des mineurs désireux de vendre, chargeant leurs fusils avec de la poudre d'or et tirant contre les parois de quartz. La poudre d'or s'y incrustait profondément. L'acheteur présumé était alors admis à inspecter la mine. Naturellement, il trouvait une magnifique apparence de veine et s'empressait de payer le prix demandé.

Il se trouvait possesseur d'une mine « salted » (salée); c'est ainsi qu'on appelle ce procédé de fraude et de fausse représentation.

————

La plus belle affaire de ce genre a réussi à San Francisco même, il y a cinq à six ans. Et les promoteurs de cette prodigieuse filouterie ont dû chercher leurs dupes parmi les gros financiers californiens et les spéculateurs bien connus. Cela a ajouté un certain piquant à l'aventure. Car il s'agissait d'empocher une grosse somme, que le commun des jobards n'aurait pu fournir à bref délai. D'ailleurs, l'affaire proposée était si invraisemblable, que les grosses bourses, attirées par les avantages énormes que les vendeurs leur faisaient, pouvaient seules s'emparer de l'opération pour la distribuer ensuite dans le public avec de gros bénéfices.

Cette fois il ne s'agissait plus de mines d'or ou d'argent.

Non; trois ou quatre individus plus ou moins connus avaient découvert, dans les territoires du Colorado ou de l'Arizona, des mines de diamants, rubis et autres pierres précieuses.

De tous temps la Californie, l'Arizona, ont produit des diamants, des rubis faux. Mais encore ces pierres peuvent-elles être facilement reconnues comme fausses.

Les quatre compères placèrent leur découverte en Arizona, dans la région où la légende veut que la race des Astèques ait existé. Or, la légende prétend que cette race a possédé des mines de pierrès précieuses d'une valeur fabuleuse, bien connues d'ailleurs au temps de la découverte du Mexique par Pizarre, qui en fut comblé par Montezuma, le dernier des empereurs mexicains.

Bref, nos filous prétendirent avoir retrouvé quelques-unes de ces mines de pierres précieuses. Si depuis longtemps on ne les avait pas découvertes, cela tenait sans doute à ce que toute la contrée étant habitée par les Apaches, les blancs n'avaient jamais pu explorer sérieusement le pays.

A l'appui de leur dire, ils exhibèrent des sacs de diamants, de rubis, parmi lesquels un bon nombre de pierres avaient une certaine valeur. Ces richesses provenaient de leur découverte.

Toute cette thèse fut présentée avec un tel accent de vérité, avec des explications rendant l'affaire si vraisemblable, que les gros faiseurs de San Francisco avaient déjà l'eau à la bouche.

Mais, pour plus ample sécurité, ils se décidèrent à envoyer sur les lieux de la découverte les ingénieurs miniers les plus experts, les plus dignes de confiance qu'ils purent d'ailleurs trouver en Californie.

Des spéculateurs en relief et désireux de prendre leur part de l'affaire, prétendant se connaître parfaitement en toute matière minière, parce qu'ils avaient peut-être eux-mêmes, au temps jadis, travaillé dans les placers et les mines de quartz, accompagnèrent les experts. Et dans le plus grand mystère, tout ce monde s'achemina pour reconnaître cet Eldorado.

De toutes parts, des gens ayant eu connaissance de ce qui se passait, se torturaient l'esprit pour savoir où ces mines de pierres précieuses étaient situées. Les uns prétendaient qu'elles devaient être dans le Sud de l'Utah, d'autres dans le Colorado, la plupart les plaçaient en Arizona, précisément parce que le pays était alors le moins accessible. Diverses expéditions furent entreprises dans ces régions. On suivit même les traces des ingénieurs et des spéculateurs qui étaient partis en compagnie des monteurs de l'affaire; mais ils surent si bien dissimuler leur route que seuls ils arrivèrent sur la terre promise.

Partout, dans un rayon de trois milles, dans la plaine, au milieu de petits monticules, travail des fourmilières, au fond des ravins et des ruisseaux, ils purent faire une moisson de pierres précieuses, de vrais diamants, de vrais rubis.

Enthousiasmés de tout ce qu'ils voyaient, bien vite ils revinrent à San Francisco. Ils firent des rapports flamboyants, allant même au-devant de toutes les observations que l'idée d'une découverte si extraordinaire pourrait soulever.

Telle était la confiance du public dans la science de ces experts et leur honorabilité bien connue, que tout le pays ne s'entretint bientôt plus que de ces prodigieuses découvertes.

Il y eut bien une certaine classe de gens incrédules, ne pouvant admettre la présence de pareilles mines à quelques jours de voyage de San Francisco, dans un pays plus ou moins exploré d'ailleurs et dont la formation naturelle annonçait peu devoir être une région à diamants.

Toute cette question fut discutée en long et en large dans les journaux par cette nombreuse phalange d'ingénieurs-miniers, experts, chimistes, et les quelques savants naturalistes de Californie.

Enfin, une douzaine des plus riches capitalistes de San Francisco achetèrent la découverte des quatre voleurs qui avaient si bien su leur dorer la pilule. Un million de dollars leur fut donné et une certaine part leur fut réservée dans le capital-actions qu'on allait créer et répandre dans le public.

La spéculation fit rage pendant une quinzaine de jours sur les actions de mines de diamant. Leur valeur atteignit en quelques bourses 40 dollars l'une; à peine y en avait-il assez pour satisfaire tous les appétits.

Heureusement qu'on ne trafiquait qu'en promesses d'actions. Le président et trésorier de la Compagnie, malgré la part qu'il prit et paya dans l'affaire, n'avait cependant pas l'esprit tout à fait en repos relativement à la vérité vraie de l'existence de ces mines. Il ne voulut pas délivrer d'actions définitives avant d'avoir, sur la valeur de la découverte, des rapports plus étendus et fournis par des savants d'une expérience plus consommée que celle des ingénieurs et experts employés en premier lieu.

Bien lui en prit d'être sage et de savoir assumer, une fois par hasard, sur lui et ses associés dans la direction de l'affaire, la perte qui devait découler du vol dont ils étaient victimes, au lieu de jeter cette perte sur les épaules du public.

L'enthousiasme était dans toute sa plénitude, lorsqu'arriva le rapport d'un expert de Philadelphie, ayant visité à son tour ces champs de diamants.

Ce fut une douche d'eau glacée.

Ce rapport concluait avec la plus irréfutable assurance, que ces champs de diamants et de rubis n'étaient que des «salted deposits» (des champs salés); que tout démontrait que le pays avait été semé de pierres précieuses d'une valeur et d'une qualité plus ou moins réelle, et que rien d'ailleurs dans la structure de la contrée ne donnait à supposer que des dépôts de pierres précieuses pussent y exister.

Les premiers experts durent se reconnaître des ânes dans la matière, ainsi que les spéculateurs et mineurs qui avaient parcouru le pays avec eux.

Cette blessure à leur amour-propre a été pour plusieurs d'entre eux plus cuisante que la perte de quelques milliers de dollars.

Ceux qui avaient payé quelque chose comme un million de dollars aux filous, en furent pour leur argent envolé.

Et en définitive, l'on apprit que les dits filous

avaient acheté à Londres surtout et à New-York, pour
environ cinquante mille dollars de diamants et de rubis plus ou moins défectueux, obtenus à bon compte,
et qu'ils avaient artistement planté et semé ces pierres
dans cette région autrefois le bienheureux pays des
Astèques.

Ils firent une bonne récolte en exploitant la crédu-
lité des Californiens les plus madrés, se sauvèrent
dans l'Est ou en Europe, et jusqu'ici, en mangeant
leurs gains, ils doivent bien rire de la bêtise des
hommes les plus « smart » de la côte du Pacifique.

Si la manière d'administrer les mines en Californie
est presque toujours une fraude envers les actionnaires, si les lois qui régissent la matière sont peu protectrices des intérêts du bon public, si enfin ce système d'incorporer les Compagnies minières sans
capital versé au préalable et de procurer une exploitation au moyen d'assessements successifs, est une
source de malversations et d'iniquités envers les malheureux que l'on entraîne ainsi plus facilement à s'intéresser à ces affaires, c'est sans doute ce qu'on verra
cesser dans peu d'années, car la route est aujourd'hui
frayée en vue d'améliorations sensibles.

Mais il n'en reste pas moins acquis que toute cette
côte du Pacifique recèle les plus riches mines du
monde, et en telle quantité qu'il est exact d'affirmer
que le pays n'est encore qu'à son début d'exploitation
des richesses minières.

La spéculation vivra toujours, augmentera peut-être ; c'est la vie de tant de gens dans cette Californie, où tout le monde est plus ou moins joueur.

Le marché minier verra se renouveler ces hausses insensées et ces moments de paniques plus insensées encore, pendant lesquels, en présence de l'état le plus satisfaisant d'exploitation des principales mines, les manipulations de quelques hommes réussiront à faire tomber le prix des actions à des limites telles, que l'on peut se demander si tout le monde est pris de folie.

Les « Wild Cats » auront toujours des acheteurs, et naturellement ils formeront le plus grand nombre parmi ces quantités de Compagnies minières dont l'incorporation a lieu tous les jours.

Mais l'homme sérieux, le financier, saura bien, lorsqu'il voudra faire un placement en valeurs miniè-res, ne mettre ses écus que dans des exploitations positives. Et le choix est grand ; la production des métaux précieux en Californie et dans le Nevada se chiffre ces années passées par environ cent millions de dollars annuellement. Cette production, dans une décade, en y ajoutant celle des mines de l'Arizona, sera très probablement doublée.

Les mines ne manquent pas, mais l'argent pour les exploiter convenablement fait encore défaut, grâce surtout au mauvais renom que l'industrie minière, en Californie, s'est acquise. Le jour viendra cependant où les capitaux européens seront moins farouches, et en aidant au développement de ces pays du Pacifique, ces capitaux prospèreront d'une toute autre manière que dans les meilleures entreprises du vieux continent.

Lorsque l'aide des capitaux européens sera plus assurée aux exploitations minières, il est très probable que cette industrie entrera dans une ère de développement mieux ordonnée et en tout cas plus honnête.

Et là où l'on demande à une mine cinq pour cent d'intérêt par mois, sans doute on saura se contenter d'un bénéfice moindre, pourvu qu'il y ait quelque assurance de durée et une confiance entière dans l'administration de l'entreprise.

Certainement cette industrie minière est plus aléatoire que grand nombre d'autres ; la science, toutefois, est arrivée ces années dernières à réduire de beaucoup ces chances, tout en donnant, il est vrai, aux directeurs des mines une facilité plus grande d'exploiter la masse des actionnaires.

C'est ainsi qu'actuellement, par l'emploi du « diamond drill » (perforateur à pointes de diamant), un superintendant de mines peut, sans être obligé de faire creuser davantage les galeries, les tunnels et les puits, se rendre un compte exact de ce que tout le banc de roches autour de lui, à une profondeur ou à une distance de 2 à 300 pieds, recèle dans son épaisseur.

Ce perforateur, pénétrant dans ces 2 à 300 pieds, amène successivement un échantillon de toute roche, gravier, craie, qu'il traverse. Pour peu que cette espèce de sonde ait été appliquée en plusieurs endroits différents, il devient facile, par induction, de se rendre un compte approximatif de ce que toute une paroi de galerie, sur une profondeur de plusieurs centaines de pieds, renferme de minerai de telle valeur moyenne.

Ce «diamond drill» est aujourd'hui employé dans les principales mines du «Comstock» et d'ailleurs dans toutes les mines présentant les apparences d'une exploitation lucrative.

L'emploi du perforateur est naturellement un travail mystérieux, dont les résultats ne sont guères connus que du superintendant et des directeurs de la mine. Aussi peut-on aisément se figurer tout le profit que ceux-ci, tenant l'anse du panier, peuvent retirer des indications du « diamond drill ».

Avec une direction honnête, dans une exploitation loyalement conduite, les indications obtenues de la sorte devraient être absolument portées à la connaissance de tous les intéressés. Jusqu'ici elles ne leur ont jamais été communiquées. L'exploitation honnête et au grand jour est encore à naître.

Les mineurs employés dans ces mines principales sont généralement exploités par des experts ou des faiseurs. Il est rare que les gros spéculateurs ou les courtiers en actions minières n'aient pas à leurs gages quelque mineur dans chacune des exploitations. Ce mineur les renseigne journellement sur les progrès des travaux, sur les indications que donnent, à la vue, les minerais rencontrés.

Avant l'emploi du perforateur en diamant, dont les résultats sont moins appréciables au mineur ordinaire, lorsque, dans quelque grande mine du «Comstock», dans un puits, un tunnel, on découvrait quelque bonne indication de roche, de suite la mine était fermée. Les ouvriers, dans l'intérieur de l'exploitation, ne pouvaient plus arriver à la surface et fournir ainsi des renseignements à leurs compères du dehors.

Pendant leur séquestration, à quelque mille pieds sous terre, bonne table, whisky, vins généreux, Champagne même, étaient prodigués aux prisonniers, souvent pendant plusieurs jours.

Le superintendant et la direction de la mine avaient ainsi champ libre pour combiner quelque bonne spéculation, sans avoir à craindre la trahison de leurs employés subalternes.

Ce mode de fermer les mines en certaines circonstances a même été trop employé. Longtemps on y eut recours pour faire croire au bon public qu'une découverte venait d'être faite, alors qu'il n'en était absolument rien. Et l'on finit par n'y plus attacher d'importance.

D'ailleurs le perforateur a rendu toutes ces précautions, tous ces trucs parfaitement inutiles, et aujourd'hui une mine n'est guères fermée que lorsque la direction n'a pas intérêt à la laisser visiter, ou bien lorsque le puits d'extraction nécessite des réparations urgentes dans son boisage.

Dans les premiers mois de 1870, un ancien superintendant de mines du « Comstock », avec lequel j'étais très lié, m'accosta dans la rue California.

«·Mon cher, me dit-il, j'ai à vous demander une chose qui vous intéresse fort et en même temps je dois vous mettre au courant de certains faits qui ne sont pas mon secret. Quelle que soit votre décision, je vous prie de ne pas révéler ce que je vais vous soumettre. Mes amis et moi, nous cherchons à avoir le contrôle de direction de la mine «Ophir», à Virginia City. Si nous réussissons, je dois prendre les fonctions de superintendant, que j'ai déjà exercées en 1863. Nous savons que vous avez au-delà de 5000 actions de la mine (elle était alors sur le pied de 16,000 titres). Nous ne pouvons avoir la majorité de ces titres et par conséquent la direction de l'affaire, que si vous consentez à nous céder le lot que vous possédez. Pour le moment, nous ne sommes pas en mesure de vous faire des offres extraordinaires, mais si vous voulez nous vendre vos actions au cours des prochaines Bourses, je vous promets en mon nom et au nom de mes associés (et il me cita des personnages que je connaissais d'ailleurs), je vous promets de vous donner votre bonne part des bénéfices de la campagne que nous allons entreprendre. »

J'eus la naïveté de prendre ces promesses pour bon argent. Mais aussi je tenais à faciliter à mon ami l'accès à la position qu'il ambitionnait. Je vendis donc.

Quelques jours après, les actions de l'«Ophir» valaient cent pour cent de plus. Le contrôle de la mine passa dans le camp que j'avais favorisé, mon ami fut nommé superintendant et se rendit à Virginia City.

Il avait été convenu qu'il me renseignerait parfaitement sur tout ce qui surviendrait au cours de l'exploitation et que je serais mis en position de profiter de tous les mouvements de spéculation que la nouvelle direction combinerait.

En ces mains nouvelles, la mine ne valut ni plus ni moins. Cependant, le superintendant avait une foi entière en la réussite des travaux qu'il allait inaugurer.

J'avais cédé mon intérêt à raison de 12 dollars l'action. Six mois après cette vente, les actions valaient autour de 100 dollars.

Grâce aux avis de mon ami le superintendant, j'avais suivi avec avantages tout ce mouvement de hausse. Mais, précisément, je me trouvais sans intérêt dans l' «Ophir», lorsque, par la chute d'une banque et celle de mon courtier principal, je me trouvai un beau matin, en venant en ville, parfaitement ruiné.

Il me restait bien un lot d'actions de diverses entreprises, mais, pour le moment, je ne pouvais songer à les réaliser.

J'allai trouver un courtier de second ordre, qui me devait quelques mille dollars absolument exigibles.

—Mon cher, je suis entièrement à la côte, me répondit-il. Tous mes fonds sont à la banque S... Je ne sais ce que j'en retirerai, ni quand je toucherai un sou. Pour le présent, je n'ai pas sur moi ou chez moi de quoi aller dîner.

— Ma foi, je suis plus riche que vous, fis-je au courtier, je suis à la tête de 100 dollars. Tenez, en voici la moitié.

On a beau être philosophe, surtout en Californie, et lorsque l'on spécule en affaires de mines; je devais m'avouer que la situation n'était pas encourageante.

Sans doute, cette impression se voyait sur ma figure, car, à quelques jours de là, passant dans la rue Montgomery, je m'entendis appeler par l'un des plus grands et certainement des plus aimable courtiers miniers.

— Là, qu'avez-vous donc? mon cher L..., l'on dirait que vous portez le diable en terre. Voyons, je connais vos ennuis, mais je compte bien que vous n'allez pas vous décourager. En ce qui me concerne, j'en ai vu bien d'autres. Venez donc avec moi dans mon bureau particulier.

Lorsque nous fûmes entrés :

— Maintenant, me dit le courtier, que savez-vous?

Il connaissait mes relations avec le superintendant de l' « Ophir ».

— Ce que je sais, pas grand'chose, sinon que j'ai une dépêche en poche et que je suis fort ennuyé de ne pouvoir en profiter.

— Voulez-vous me la communiquer, et pouvez-vous le faire?

— Parfaitement, la voilà.

Le courtier C... parcourut le télégramme, réfléchit un instant, puis reprenant :

— Avez-vous toute confiance dans ces renseignements?

— Tellement confiance, que, je vous le répète, je

me torture l'esprit pour trouver les moyens d'acheter, comme on me le recommande si vivement.

— Je vais vous y aider; mais pas un mot à personne. Voyons, je vous achèterai 300 actions. Etes-vous satisfait?

— Bien, dis-je à C..., mais ne me demandez pas d'argent.

— Ne vous préoccupez pas de cette question. Laissez-moi manœuvrer, et même, pour que mes mouvements soient mieux cachés, faites-moi le plaisir de ne pas me venir voir de quelques jours. Je vous tiendrai au courant.

Les actions de l' « Ophir » valaient de 100 à 105 dollars. Mon ami C... m'écrivit, m'annonçant qu'il m'avait compris pour 300 actions dans ses achats. Il avait pris pour son compte 2500 titres.

Dans la semaine qui suivit, les cours tombèrent brusquement, en une même bourse, à 36 dollars, du fait d'un des nouveaux directeurs de la mine.

Le superintendant me rassura de suite sur le mérite de cette panique. Toutefois, je n'osais trop aller voir le courtier C...

Un matin, je le rencontrai.

— Vous m'avez mis dans une bien vilaine situation, me dit-il. Voyons, qu'y a-t-il de nouveau?

Je lui tendis une dépêche que je venais de recevoir de la mine.

— Laissez passer l'orage, répondis-je; dans quelques jours, tout reviendra à bien. J'en suis persuadé à ce point, que si je n'ose vous demander de profiter de la baisse actuelle pour acheter pour moi, je vous conseille de le faire pour votre compte. Le moment est bien favorable.

C... me quitta à peu près rassuré, et j'appris qu'il fut ce matin même acheteur acharné d' «Ophir». Mais le gaillard, à la vérité, ne me donna pas d'intérêt dans ces nouveaux achats.

Les prix se relevèrent assez rapidement. Ils étaient entre 75 à 80 dollars, lorsqu'un soir je reçus la visite de mon ami C...

— Il faut absolument que demain matin vous partiez pour Virginia City. Restez-y 8 à 15 jours, visitez attentivement la mine «Ophir», et que nous sachions si vraiment ils ont trouvé quelque chose de favorable dans les 1200 pieds. Mes correspondants de Virginia me le donnent à entendre.

Je pris le chemin de fer le lendemain matin, à la première heure.

En ce temps-là, l'on s'arrêtait à Reno, station sur le «Grand Transcontinental». De là, les diligences montaient à Virginia City. Depuis lors, cette ville est accessible, malgré son altitude de 8000 pieds, par un chemin de fer contournant les montagnes et passant par «Carson», la capitale de l'Etat du Nevada.

Trente heures de voyage et je fus rendu sur le «Comstock.»

Je descendis au principal hôtel, à l' «International». Il neigeait à gros flocons. Je ne pus obtenir qu'une misérable chambre, dont le plafond, formé par une toile à voile déchirée, laissait arriver la neige sur mon lit.

Le superintendant de l' « Ophir » me reçut fort amicalement, se mit à ma disposition pour me faire examiner son exploitation dans tous ses détails. A maintes reprises, j'allai, pendant les 10 à 12 jours que je passai à Virginia, me rendre compte des travaux. Effectivement, l'on avait trouvé, dans le niveau des 1200 pieds, de la roche de bonne nature, et les indications étaient favorables. Mais rien de plus.

La nouvelle de ce semblant de découverte d'un corps de minerai se répandit naturellement très vite. Le superintendant n'avait aucunes raisons pour dissimuler l'état des choses ; au contraire.

En quelques jours, la valeur des actions de l'«Ophir» avait sauté à 150 dollars.

Il est vrai que, dans ce moment même, tout le marché était entraîné sous l'influence de l'énorme développement de découvertes de la mine «Crown Point», à trois milles de là, sur la veine du «Comstock». Les mines classées et les «Wildcats» de toute la région obtenaient des cours que l'on n'avait jamais vus en Californie.

Je venais de déjeuner chez mon ami le superintendant de l' «Ophir», et je lui communiquai les dépêches que j'avais reçues de San Francisco. Je lui fis remarquer que pe t-être était-il sage de profiter des hauts prix pour ve..dre.

— Que me parlez-vous de vendre ? répliqua-t-il. Ayez donc un peu de nerf, nous allons atteindre 200 dollars pour nos actions.

J'en étais beaucoup moins convaincu que lui. Le

quittant, je montai en ville et je télégraphiai à San Francisco, à mon courtier, de vendre carrément.

Le soir je reçus la réponse qu'il avait tout liquidé, mon intérêt et le sien, à une moyenne de 148 dollars; ce dont je ne jugeai pas à propos d'aviser le superintendant.

Deux jours après, les actions de l'« Ophir » tombaient à 130, puis 120 dollars, avec toute apparence d'une reculade plus accentuée encore, car le marché, sans rime ni raison, se démoralisait sensiblement.

— Ah ! vous m'avez donné un joli conseil, dis-je au superintendant. J'aurais pu, l'autre jour, liquider à un joli prix, maintenant je ne recueillerai qu'un maigre résultat de mon opération.

— Ne craignez donc rien, me répondit-il. Cette baisse n'aura pas de durée ; nous verrons bien assurément, et sous peu, les cours que je vous ai prédits.

— Je le désire vivement, mais je me suis garé de l'orage ; voyez, je pourrai plus facilement reprendre la spéculation si la baisse continue, malgré vos idées là-dessus.

Et je lui montrai ma dépêche de San Francisco.

— Comment, vous avez trouvé moyen de liquider, et presque au plus haut des cours? Eh bien, tenez, quoi qu'il en soit, j'en suis enchanté. Je considère moins le bénéfice que vous avez réalisé, que ce fait utile pour vous : vous vous américanisez.

J'avais appris bien des choses pendant ce séjour à Virginia, dans la société des superintendants et des experts de mines, qui ne se cachaient guères devant

moi pour raconter tous les tours qu'ils avaient dans
leur sac, toujours en vue de quelque spéculation.

Je m'étais bien un peu douté du jeu que mon ami
de l'« Ophir » jouait, ou plutôt aurait voulu jouer,
en me faisant tenir la chandelle.

— Oui, me dit-il en riant, cela me fait plaisir de
voir que vous vous américanisez. Je commence par
vous dire que vous n'auriez pas perdu un cent, dans
la manœuvre que j'avais adoptée et qui paraissait aller
si radicalement contre vos intérêts. Si je n'avais eu
que vous entre le marché et moi, je ne vous aurais
pas entretenu de hausse, lorsque je savais pertinem-
ment que la dégringolade devait arriver. Mais derrière
vous, vous avez un gros courtier de San Francisco, je
le sais, et je n'ignore pas qu'il n'a acheté 4 à 5000 actions de l' « Ophir » que sur vos représentations. Depuis
que vous êtes ici, il nous a singulièrement aidés à
soutenir le marché. Le voyant dans ces bonnes dispo-
sitions et supposant bien qu'il ne vendrait que si
vous lui télégraphiez de le faire, je vous ai parlé
hausse, et pendant ce temps je vendais tout ce que je
pouvais à San Francisco. Vous savez que je possède
près de 3000 actions. Mon intention était d'en vendre
le double. Mais votre habileté a dérouté mon jeu entièrement. Je suis arrivé trop tard, et je vous assure que
je ne me figurais pas avoir été devancé par vous et
vous avoir eu pour cause presque immédiate de cette
baisse de nos actions, par les ventes de votre ami C...
— Vous avez une moyenne de 148 dollars, à ce que je
vois, je puis vous dire que je ne ferai pas 130 dollars,

et je vends toujours. Je m'arrêterai peut-être au-dessous de 100 dollars. Maintenant que vous n'avez plus d'intérêt dans l' « Ophir », je puis vous dire, et j'ai pu d'ailleurs m'apercevoir que telle était votre opinion aussi, que nous n'avons pas à compter sur le niveau des 1200 pieds; nous avons du minerai, mais il est pauvre. Cela ne manquera pas d'être connu aux premiers jours. Mes directeurs ont vendu suffisamment dans les hauts prix, et nous allons plutôt aider à casser les cours, afin de remplacer nos ventes dans des prix plus abordables. Maintenant, je ne vous conseille pas de jouer à découvert sur l' « Ophir », c'est trop chanceux dans ce moment-ci. Vous savez que, malgré tout, j'ai confiance dans l'avenir de cette mine. Je mets de côté cette considération, car je crois que nous réussirons moins bien à amener la baisse des actions de l' « Ophir », par la raison que la valeur de toutes les exploitations du « Comstock » va être fermement soutenue par les mérites exceptionnels de la « Mine du Crown Point ».

Et puisque je cite ce nom, ajouta mon ami, vous ne pouvez pas redescendre à San Francisco sans visiter cette mine. Vous ne connaissez pas le superintendant, je crois; je vais vous donner un mot pour lui, vous serez bien reçu et piloté; car vous savez peut-être qu'il y a ordre exprès de la Direction de n'admettre personne dans l'exploitation du « Crown Point ».

Nous continuâmes de fort bonnes relations, le superintendant de l' « Ophir » et moi. Sans doute, l'occasion ne se présenta point pour que toutes ses promesses se réalisassent. Il a fait et défait deux ou trois fortunes, dès lors. A désirer atteindre trop haut, l'on reste souvent en route.

Je revins à San Francisco. Les actions de l' « Ophir » tombèrent de nouveau au-dessous de 80 dollars, pour rebondir l'année suivante à 300 dollars et plus. Ce ne fut toujours pas sur les mérites de la mine, car les actionnaires n'ont pas eu de dividende à toucher depuis 17 ans, tandis que la Direction a bien dû encaisser une centaine de dollars par action, en assessements successifs.

Le superintendant d'une mine, pour peu que vous soyez connu, se fera un plaisir de vous permettre de visiter l'exploitation qu'il dirige. Il vous accompagnera même parfois, ou tout au moins vous mettra sous la conduite d'un contre-maître qui aura charge de vous piloter dans tout un labyrinthe de galeries, de puits inclinés, de tunnels.

Avant que de commencer cette promenade soûterraine, dans quelque puits à 2000 pieds de profondeur, peut-être, vous aurez à revêtir tout un costume de circonstance ; une vareuse en flanelle, des pantalons idem, de grosses bottes et quelque chapeau invraisemblable. Car ici vous n'allez pas visiter le boudoir d'une petite maîtresse, quoique vous alliez reconnaître un des fournisseurs du veau d'or, que tous plus ou moins nous adorons.

Votre équipement terminé, vous serez placé sur la

cage qui fait le service du puits principal, soit pour le transport des mineurs, soit pour l'extraction des minerais. Vous aurez bien soin de garer votre individu dans l'intérieur du plateau et sous les traverses protectrices de cette cage, car vous allez franchir en trois ou quatre minutes ces 2000 pieds, presque sans vous apercevoir de la rapidité de cette descente, la cage ayant exactement la carrure du puits et glissant dans des rainures toujours bien conditionnées.

Si vous avez à visiter un « level » galerie transversale, à 1000 ou 1200 pieds, par exemple, le contremaître l'aura indiqué au mécanicien avant de commencer la descente, et la cage, quelque vitesse qu'elle ait acquise, s'arrêtera exactement à l'ouverture de la galerie que vous aurez à parcourir. Une corde placée le long du puits sert à agiter une cloche à la surface et vous recommencez votre descente. Au moyen d'une série de signaux par la dite cloche, vous dirigez tous les mouvements de la cage.

Si vous êtes du commun des mortels, que vos connaissances en l'art minier soient bornées, vous pourrez, pendant quelques heures, vous promener dans toutes les parties de l'exploitation, sans en être de beaucoup plus avancé. L'on vous montrera bien du roc riche encore adhérent à quelque paroi, mais à la lumière d'une chandelle, surtout, vous ne ferez guère la différence entre ce minerai et de la pierre ordinaire. Vous pourrez mesurer la longueur de telle galerie, que l'on vous indiquera et que l'on affirmera être toute en minerai, dans une profondeur et une longueur de 100 pieds, peut-être, et faire le calcul du nombre de mille tonnes que ce cube doit fournir.

Puis, on vous fera passer dans quelque autre galerie, où la température est si élevée, que les mineurs ne peuvent y travailler plus d'un quart d'heure sans aller respirer un air plus convenable. Vous attraperez une bonne transpiration, et le moment d'après, l'on vous fera monter par quelque puits incliné, pratiqué pour établir une ventilation dans les niveaux inférieurs. Vous y serez au milieu d'un courant d'air à glacer un roc. Et dans le puits par lequel vous remonterez à la surface, vous attraperez quelque infiltration d'eau dont vous aurez d'ailleurs fait la connaissance en descendant dans la mine.

Il est vrai que, revenu à la clarté du jour, vous trouverez une chambre de toilette dépendant du cabinet du superintendant. Un bain chaud aura été préparé pour vous réconforter, et quelques lotions de sherry ou de whisky vous seront prodiguées afin de ranimer votre intérieur.

Vous aurez vu l'exploitation souterraine d'une mine, vous aurez éprouvé l'émotion d'une descente à vitesse prodigieuse dans les entrailles de la terre, vitesse que vous ne pourrez même pas apprécier.

A la surface de la mine, vous pourrez examiner les machines puissantes qui servent soit au service de l'extraction du minerai, soit à l'épuisement des eaux, car à tout moment le pic du mineur ou l'éclat d'une mine ouvre un passage à quelque nappe d'eau souterraine, dont les filtrations remplissent les travaux inférieurs et sont le plus gros ennui des exploitations minières. Non-seulement elles mettent obstacle aux recherches dans les galeries basses, mais encore, par le travail des pompes, elles gênent grandement tous les mouvements du puits principal.

Et, de là, passez au moulin, assistez au jeu des pilons broyant la roche, la mettant en poussière aussi menue que la farine, observez le travail d'amalgamation, de raffinage de ces amalgames, et du coulage en barres du métal obtenu.

L'extraction du minerai utile, c'est-à-dire du minerai laissant un bénéfice après réduction, peut s'élever, dans les mines de Virginia City, soit le « Comstock », à environ 600,000 tonnes par an. Les deux seules mines du « Consolidated Virginia » et du « California » ont sorti mensuellement de 10 à 15,000 tonnes de minerai chacune. Et cette quantité est encore au-dessous de la capacité des moulins que ces deux mines employaient.

Virginia City et Gold Hill, qui peut figurer comme le faubourg de la première, toutes deux villes très prospères, sont bâties entièrement sur cet immense corps de minerai appelé le « Comstock lode », et s'étendent dans le sens même de la veine, nord et sud, au versant du mont Davidson, au-delà duquel se trouve le beau lac Tahœ, si réputé par son abondance de poissons, de truites essentiellement.

En dehors de ses mines d'argent et d'or, la Californie et les contrées environnantes possèdent quantité de mines de différents métaux, dont l'exploitation est plus ou moins avancée.

Les gisements de cuivre, sous la forme d'oxydes, de carbonates, sont très abondants dans tout le pays, et ces minerais sont généralement d'une réduction facile. Leur moyenne de rendement en métal pur peut se chiffrer entre 20 et 25 pour cent. Malheureusement la main-d'œuvre est trop élevée, souvent les moyens de communication et de transport manquent, ce qui ne permet guères de songer à une exploitation profitable, en présence surtout du prix des cuivres, qui va toujours en-diminuant depuis quelques années. On en arrivera cependant à travailler plus sérieusement ces mines, car, avec des frets pour l'Europe assez généralement réduits à San Francisco, il y a une marge suffisante pour envoyer aux usines d'Angleterre et du continent ces minerais, qui, à l'état de métal affiné, ne trouveraient d'ailleurs pas un marché en Californie, car les fonderies de cuivre font encore défaut.

Dans le sud, on a découvert de riches mines d'étain. Elles sont dans les mains d'une compagnie dont les moyens d'action ne permettent pas, je suppose, une exploitation régulière. C'est regrettable, car les minerais rencontrés sont de qualité satisfaisante et la situation des mines est favorable aux transports à bon marché.

Dans les comtés du nord et du centre, quelques mines d'antimoine, de chromate de fer, de manganèse et d'autres métaux d'une valeur moindre, ont été ouvertes, mais toujours la main-d'œuvre, le manque de débouchés, rendent la plupart de ces exploitations à peu près improductives.

Depuis 20 à 30 ans, les mines de mercure en Californie sont exploitées et leur production a figuré d'une manière assez marquante dans les recettes générales de ce métal.

Récemment, cette exploitation s'est beaucoup développée par l'ouverture de nombreuses mines très riches. Malgré une baisse énorme dans la valeur du produit, qui était encore, il y a quelques années, à plus d'un dollar la livre, contre un cours actuel de 40 cents, la production sur la côte du Pacifique a néanmoins triplé et ne donne pas de sérieux signes d'épuisement.

Les gros débouchés de cet article sont la Chine, le Mexique, où le produit californien fait une concurrence très grande au monopole des Rothschild.

L'emploi du mercure est très considérable dans toutes les mines de la Californie et du « Comstock ». Il est relativement de peu d'importance dans les exploitations minières de bas métaux.

Quelques mines de nickel, mélangé à des oxydes de cuivre et à une faible quantité d'argent, existent dans le sud de la Californie, dans les parages de Panamint, mais n'ont pas jusqu'ici attiré l'attention, quoique le minerai présente près de 20 pour cent de nickel pur.

Depuis peu, on exploite divers dépôts de soufre dans le Nevada. Il y en a également dans la Californie mexicaine et dans l'Arizona. Mais dans ces dernières régions, les mines de soufre ont été jusqu'ici négligées. Il faut l'ouverture du chemin transcontinental du sud pour que les contrées qu'il traverse avant d'arriver au Pacifique puissent développer les immenses richesses minières qu'elles renferment.

En attendant, les meilleurs districts miniers de l'Arizona se peuplent, les Indiens-Apaches se dispersent devant les progrès de la civilisation et devant les représailles des troupes américaines cantonnées dans ces parages. Plusieurs moulins à broyer le minerai ont été construits à grands frais, et tous les vapeurs venant du fleuve Colorado, par le golfe de Californie, voire même le chemin de fer, apportent à San Francisco la roche la plus riche, c'est-à-dire celle qui laisse de 400 à 1000 dollars d'argent à la tonne, pour qu'elle soit travaillée par les divers établissements métallurgiques de la métropole californienne.

De grands dépôts de soude, de borates de soude et de borates de chaux, couvrent le lit d'anciens lacs desséchés et donnent lieu à une exploitation importante. La fabrication du borax dans l'Etat du Nevada et en Californie a déjà fait baisser les produits anglais manufacturés avec les acides boriques de Toscane et le tinkal de l'Inde, de plus de 40 pour cent de la valeur à laquelle ils se vendaient il y a cinq à six ans. Il est juste de reconnaître que cette baisse énorme n'aide pas au développement de l'industrie du borax en Californie.

Beaucoup d'autres métaux sont journellement mis à jour. Le fer, par exemple, de bonne qualité, se rencontre en grande abondance. L'éloignement des mines

de charbon, le haut prix du combustible, ont sai
doute empêché jusqu'ici la construction de hauts fou
neaux pour la fonte de ces minerais.

XXI

UN SÉJOUR DANS UN DES GRANDS RANCHOS
DU SUD DE LA CALIFORNIE

UNE INVASION DE SAUTERELLES. — CHASSES ET PÊCHE.

Mon excellent ami, don Luis S..., dont le nom est si populaire dans les comtés du sud qu'il habite depuis 30 ans, m'avait, à maintes reprises, invité cordialement à venir passer quelque temps chez lui, dans son beau rancho de Cucomongo, situé entre la ville de Los Angeles et celle de San Bernardino, presque à l'entrée du grand désert qui s'étend jusqu'aux rives du Colorado.

Quelques mois de répit que je m'accordai au milieu de cette existence californienne, si accidentée et fatigante, me conduisirent à accepter l'invitation de don Luis. C'était vers le mois de mai; j'étais altéré de grand air.

A bord du vapeur *Orizaba*, je descendis donc la côte de Californie pendant 4 à 500 milles, jusqu'au port de San Pedro. J'expliquerai le mot « descendre la côte » en ce sens que les vents, dans cette région du

Pacifique, soufflant presque constamment de l'ouest nord-ouest, l'on file sans grand effort vers les parages du sud. San Pedro est moins un port qu'une mauvaise rade plus ou moins fermée, de laquelle l'on gagne la terre ferme sur une coquille de noix, en guise de bateau à vapeur, à travers un immense marais coupé par la petite rivière de Los Angeles, dont le fond est si bas qu'il réclame toute l'habileté du timonier, et souvent une pression de vapeur très considérable, pour que le bateau n'aille pas s'envaser à chaque sinuosité de ce mauvais chenal. Enfin, l'on atteint la misérable place de Wilmigton, poste militaire couvert de baraquements pour les troupes fédérales des Etats-Unis.

C'est là que vient aboutir un bout de ligne ferrée, dont le matériel roulant a grand besoin d'améliorations ; mais heureusement qu'en deux heures à peu près il vous cahote jusqu'à la ville de Los Angeles (la ville des Anges).

Le nom est légèrement prétentieux, mais Los Angeles se considère tout au moins comme le Nice de la Californie, sous le rapport du climat exclusivement, et par ce fait que les malades, les poitrinaires du « Pays de l'or », et même des Etats de l'Est, viennent y chercher quelque palliatif à leurs maux, au milieu d'une température toujours égale, parmi les émanations des orangers et des citronniers.

Mais ici le cadre manque au tableau. Los Angeles est bâti dans une grande plaine, au pied de quelques collines et à environ huit lieues de l'Océan. Dans le lointain, la haute chaine de la Sierra Madre, avec ses ramifications des montagnes de la Soledad, de Cucomongo et de San Bernardino, ferme l'horizon.

Los Angeles est une oasis dans ces grandes plaines à peine cultivées. L'eau, qui fait défaut presque partout dans le sud, existe ici en abondance, et de beaux travaux, des réservoirs très spacieux derrière les premières collines, en permettent une distribution très libérale. Aussi la rivière, doublée d'un bon système d'irrigation, a fertilisé tous les environs de la ville, coupés en petites fermes couvertes par la vigne, des plantations d'orangers, de citronniers et autres arbres de la zone semi-tropicale. De nombreux champs de maïs se marient au vert feuillage de la vigne et partout des fleurs, des roses surtout, fleurissent toute l'année.

C'est ici le pays espagnol ou mexicain. La grande majorité des habitants se compose de natifs californiens, dont les ancêtres, il y a cent ans environ, sont venus se grouper autour de la vieille mission de prêtres espagnols établie dans cette riante contrée.

C'est également dans ces régions que l'on rencontre le plus de Français, presque tous vignerons et vivant plus à leur aise au centre d'une population espagnole, dont ils ont promptement appris la langue, qu'au milieu des Américains, qui ne leur sont pas toujours sympathiques et dont ils ne peuvent, à leur grande faute et préjudice, se faire comprendre facilement.

Fort peu de ces Français arrivent à la fortune. La vigne, qui est leur culture la plus importante, donne, il est vrai, de splendides récoltes, mais le raisin se vend à vil prix et le vin n'a pas toujours un débouché assuré et rémunérateur. Ceux qui ont eu l'idée de planter l'oranger en abondance ont un revenu plus positif et parfois très considérable. Aussi, beaucoup ont-ils commencé à arracher la vigne pour planter leurs terres en arbres fruitiers.

Mais tous ces Français vivent largement, sous un beau ciel, sans grands soucis, dans un pays de mœurs faciles. Leurs travaux ne sont pas fatigants, et en fin de compte ils arrivent aisément à élever leurs familles, à mettre quelques écus à l'épargne, tandis que la valeur de leurs terres augmente sensiblement chaque année.

A quelque quarante milles dans le Sud-Est, en suivant la côte, se trouve Anaheim, petite ville florissante, colonie presque entièrement composée d'Allemands, qui ont, à l'origine, acheté une assez vaste étendue de terres, au milieu desquelles ils ont construit leur ville ou plutôt leur grand village.

Ils réussissent mieux, en général, que les Français de Los Angeles. Plus industrieux et se familiarisant plus promptement avec les mœurs américaines, ils savent développer les ressources du pays, tandis que trop souvent nos nationaux restent inertes ou sont dépourvus de toute ambition.

La vigne domine toute autre culture à Anaheim. Le vin y est peut-être moins bon que celui de Los Angeles, mais les Allemands savent mieux tirer parti des produits qu'ils obtiennent. Ils seront véritablement marchands de vins, et trouveront des débouchés soit dans le pays même ou dans les Etats de l'Ouest et de l'Est, où la race germanique est si largement représentée.

———

Je rencontrai, à Los Angeles, mon ami don Luis S..., venu en ville pour ses affaires.

— Je vous attendais depuis quelques jours, me dit-il, et me voilà obligé de vous presser, si vous voulez venir à Cucomongo avec moi. Mon fils m'écrit de revenir de suite, et mon associé, le capitaine G..., me réclame instamment.

Figurez-vous que nous sommes empestés par les sauterelles. Elles ont dépassé San Bernardino, où elles ont tout ravagé. Comme elles n'auront trouvé que des cactus et des ronces entre San Bernardino et Cucomongo, elles auront sans doute hâté leur marche. Nos vignes et nos plantations doivent de loin leur paraître la terre promise, au milieu de ces déserts. Qui sait si, à cette heure, elles ne sont pas déjà entrain de me ruiner. Jusqu'à présent, leurs ravages dans nos contrées n'ont pas été bien importants, mais il paraît que ces damnées sauterelles nous arrivent cette année par millions. Aussi je pars par la première diligence.

Si Los Angeles n'a pas pour vous de charmes mystérieux, en route pour le champ de bataille. Vous verrez ce que c'est qu'une invasion de sauterelles. L'Europe ne connaît pas ce fléau.

Le lendemain matin, pendant sept à huit heures, nous roulâmes dans une diligence ou « stage » américain, si abondamment suspendu sur un train fort lourd, par de grandes et fortes lanières en cuir, que la boîte est à peu près sans contact avec le dit train.

C'est une magnifique installation pour faire connaissance avec le mal de mer.

Aux nombreuses coupures d'une route très rudimentaire, dans les ravines creusées l'hiver par les eaux, et que jamais l'on ne songerait à réparer, les secousses deviennent si violentes, que vous avez à vous tenir bien solidement si vous avez un siége à l'extérieur, et qu'à chaque instant votre tête menace de défoncer le toit de la guimbarde, si vous avez préféré l'intérieur du véhicule.

Voilà vingt ans que je recherche l'idée pratique des Américains, dans la construction de ces fatigantes voitures. Je n'ai encore rien trouvé de concluant. Toutefois, je vois que mes critiques sont assez bien fondées, car l'on commence à construire un peu plus dans le goût européen.

Par contre, si ces « stages » sont défectueux, je ne crois pas que dans aucun pays du monde les attelages soient aussi excellents.

Généralement quatre, ou six chevaux même, selon que la route est plus ou moins chargée, enlèvent ces lourdes guimbardes avec un entrain magnifique.

Le propriétaire du « stage » mettra toujours son amour-propre à n'atteler que des bêtes de choix, des chevaux qui ne dépareraient nullement un huit-ressorts aux Champs-Elysées.

Mais, comme le « driver » (conducteur) prend soin

de son attelage! Si parfois il lui demande quelque vitesse plus grande, jamais il ne le fera que sur une route facile. Aux stations, les chevaux seront bouchonnés comme des bêtes de course, et sous un ciel toujours ensoleillé, ils pourront, à leur aise, aller s'ébattre dans un vaste corral et rentrer dans une écurie où la provende leur est abondamment servie.

Les routes, dans ces contrées, n'ont rien absolument qui rappelle nos belles voies de communication en Europe, si bien empierrées et entretenues.

Dans la plaine, jamais un coup de pioche ou de pelle n'a été consacré à l'établissement d'une route. Parfois, dans les collines et les montagnes, l'on découvrira que quelques ouvriers ont coupé le versant et établi un terrassement mélangé de troncs d'arbres et de graviers. Mais, le plus souvent, la route a été uniquement tracée par la circulation des voitures. En hiver, ce sont des bourbiers, en été des nids à poussière, que les chevaux et les voitures soulèvent en tourbillons.

A quelque distance de Los Angeles, l'on côtoie la riche « mission de San Gabriel », située auprès de la rivière du même nom. Cette partie du pays est généralement bien cultivée; les orangers avec leur feuillage vert tranchent partout dans le paysage.

Puis l'on traverse le village d'El Monte, bâti sur un plateau excessivement abondant en cours d'eau, trop abondant même, car quelques parties de ce plateau ressemblent à des marécages. L'oranger devient rare, l'atmosphère est relativement humide, mais les champs offrent une végétation luxuriante et telle que nulle part ailleurs, én Californie, je ne l'ai rencontrée.

L'on entre ici dans la région des pâturages, entrecoupée de collines au pied desquelles court quelque ruisseau. Des milliers de bœufs, de chevaux, parcourent la plaine, sur l'un des plus beaux ranchos de la Californie, appartenant à M. Workman, dont j'avais fait la connaissance peu de temps auparavant, et qui m'avait prié d'aller passer quelques jours dans cette vaste propriété.

Sur le versant des montagnes broutent de nombreux troupeaux de moutons, et de toutes parts des vaqueros, montés sur des mustangs à peine domptés, galopent à fond de train, occupés à surveiller les animaux.

A quelque dix milles de Cucomongo, l'on entre dans le désert. La plaine, qui peut avoir de trois à quatre lieues de largeur, est fermée, à l'Est, par les montagnes et ramifications de la Sierra Madre, plus ou moins abondamment boisées jusqu'à une certaine distance du sommet; à l'Ouest, par les contreforts et les collines qui vont, en s'étageant, finir à l'Océan.

Cette large vallée s'étend jusqu'à San Bernardino. Là, de hautes montagnes, formant un grand cercle, sont les dernières barrières qui coupent l'immense désert du Colorado.

Partout, dans cette vallée longue de trente-cinq à quarante milles, l'œil ne découvre que des cactus, quelques palmiers sauvages, des buissons d'épines, au pied desquels croissent de maigres touffes de « bunch grass ».

L'eau des montagnes, dans les temps éloignés, a dû ravager et inonder ce pays, car de toutes parts, dans cette plaine déserte, pointent, au milieu des buissons, des éclats de roches granitiques et des blocs sur lesquels l'on reconnaît le lavage des eaux.

Aucune habitation, aucune végétation dans toute cette contrée, si ce n'est sur le rancho de Cucomongo, où un ruisseau, descendant de la montagne dans un ravin très encaissé, amène toute l'année une eau assez abondante pour irriguer une bande de terre de un à deux kilomètres de largeur.

Ici, la vue se repose sur une végétation splendide, des arbres jeunes encore, mais d'une croissance magnifique.

C'est une véritable oasis, une retraite charmante, que plusieurs séjours m'ont fait aimer ; où l'hospitalité est cordiale et vous retient toujours au-delà du temps que vous vous êtes accordé pour une villégiature, que la vie de San-Francisco, si enfiévrée, rend désirable chaque année.

Aujourd'hui que le chemin de fer traverse ces régions, vous évitant un voyage par mer de 150 lieues, monotone toujours et d'un confort très relatif, l'on peut doublement regretter un changement de propriétaire de ce beau rancho de Cucomongo, qui a pris tout un autre aspect depuis le départ de don Luis S...

Le « stage » venait à peine d'arriver à la station où l'on change les chevaux et dont toute l'importance

consiste en un magasin de campagne, tenu par un
compatriote, ancien officier de marine, ancien journa-
liste, qui, après avoir parcouru le monde en long et
en large, est venu s'échouer philosophiquement dans
ces parages, où il est entrain de s'amasser une petite
fortune, que le capitaine G... et le fils de don Luis
s'empressaient de nous souhaiter la bienvenue. Mais
en même temps ils nous annonçaient que l'invasion
des sauterelles était terrible, que déjà les vignes en
étaient couvertes dans un rayon très considérable.

C'était le fléau, et aucun obstacle ne lui était encore
opposé. On attendait l'arrivée du maître. Aussi, à
peine descendus de la diligence, nous fûmes au front
de bataille.

Il s'agissait de défendre contre la peste envahis-
sante, premièrement un vignoble de 200 acres d'un
seul tenant, d'une importance se chiffrant par une
récolte de 80,000 gallons, soit environ 4,000 hectolitres d'un vin se vendant rondement à 20 dollars
(100 fr.) l'hectolitre, puis toute une plantation fort
réussie d'orangers, de citronniers, d'amandiers et autres arbres d'un très bon rapport.

Il n'était que temps d'arriver pour sauver quelque
chose du naufrage. Déjà un quart de ce magnifique
vignoble était en possession des sauterelles.

Il ne restait guères que des ceps dénudés et, par ci
par là, la gent ailée s'était même attaquée au bois des
jeunes pousses. Alors qu'à quelques pas de là, la vigne
était enfeuillée et poussait ses rameaux à sept ou huit
pieds de hauteur, ici, où les sauterelles étaient parve-

nues, la vigne rongée présentait l'aspect désolé d'un mois d'hiver.

Nous allâmes à quelque distance de la vigne reconnaitre si cette invasion de vermine avait une arrièregarde, ou si toute la trombe s'était jetée dans la partie qu'elle avait ainsi abîmée.

Pendant deux milles environ, marchant au travers des terres arides et sablonneuses, où à peine quelques touffes d'herbe poussent d'ordinaire, ce n'était qu'une nuée de sauterelles. Le sol en était couvert par couches, à tel point que chacun de nos pas écrasant une masse de ces rongeurs, produisait comme un criquettement. Nos jambes, nos habits en étaient couverts. C'était un bruissement dans la plaine déserte. Les sauterelles avançaient en profondes nuées pour venir se repaître dans la belle verdure de l'oasis.

— Le mal est plus grand que je ne l'aurais supposé, nous dit don Luis. Pourquoi faut-il que nous n'ayons pas, en avant de la propriété, quelques bons champs d'orge ou de blé? Cela aurait retardé l'invasion. Mais rien, pas d'herbe à vingt milles à la ronde. Les maudites bêtes vont tout engloutir.

Je ne voyais pas trop moi-même le moyen d'empêcher pareil résultat, et j'étais fort ennuyé d'être précisément arrivé à Cucomongo pour assister aux ruines que cette nuée de sauterelles allait laisser derrière elle.

— Enfin, dis-je à don Luis, tout n'est pas perdu tant que vous n'aurez pas essayé de quelque remède. Vous avez le feu et l'eau, si, comme vous l'assurez, le ruis-

seau de Cucomongo peut en fournir assez abondamment. A cette saison de l'année, il doit être dans son
plein. Et remarquez, continuai-je, en ramassant une
poignée de sauterelles, vous n'avez encore devant
vous qu'une armée de jeunes vermines; à peine peuvent-elles voler. Il leur faudra sans doute une quinzaine de jours avant qu'elles atteignent toute leur
croissance. Essayons le feu et l'eau pour les détruire.
Faites le sacrifice d'une partie de votre propriété, afin
de sauver l'autre portion non encore touchée. Can-
tonnons le mal, il existe déjà sur toute une bande de
votre vignoble. Opérons au-devant de l'ennemi et
opérons de suite.

Quelques coups de corne à bouquin amenèrent en
une demi heure une trentaine d'Indiens et une douzaine de Mexicains et de blancs, occupés aux divers
travaux du « rancho ».

Le ruisseau fut promptement détourné, toutes les
eaux condensées en un même endroit. Puis, sur toute
la longueur de la vigne faisant face à l'invasion, sur
un parcours de près de deux kilomètres, un fossé
large de plus de dix pieds fut creusé dans la vigne
même. Les eaux du « creek » (torrent) furent envoyées
dans ce fossé avec assez de pente pour qu'elles fussent
entraînées bien au-delà de la propriété. Toute la paille
qu'il fut possible de ramasser sur le rancho et les
broussailles, des troncs d'arbres furent amoncelés en
avant du fossé.

Le feu fut allumé. Les Indiens, armés de gros bran-
chages, chassaient les sauterelles au milieu des flam-

mes. Des millions s'y rôtirent. Celles qui passèrent par dessus cette barrière de feu, allèrent tomber dans le fossé, n'ayant pas la force de voler au-delà, se noyèrent ou furent emportées par les eaux jusqu'à deux milles au-dessous du vignoble.

Cette chasse aux sauterelles fut continuée pendant une quinzaine de jours, sans trève ni merci. Les millions succédaient aux millions. Les Indiens, auxquels l'on promit une ration extraordinaire d' « aquadiente» (eau-de-vie), s'employaient de leur mieux à cette œuvre de destruction.

L'armée des sauterelles, si elle ne fut pas anéantie, s'écarta devant le feu et l'eau, au milieu desquels elle perdit ses meilleures troupes, et respectant à peu près le reste de la propriété de don Luis S..., elle s'en fut ravager la contrée au-delà.

Don Luis, cette année, ne fit guères qu'un quart de récolte.

L'hiver suivant, par mesure de précaution, il fit passer l'eau sur les terres environnant son vignoble, du côté où l'invasion des sauterelles arrive du désert.

Des champs d'orge furent semés dans le seul but de nourrir la vermine, d'arrêter l'invasion pendant quelques jours et de permettre ainsi de prendre toutes mesures utiles en vue de sauver le vignoble.

Mais le fléau ne se renouvela pas, ou tout au moins les années suivantes n'eut-il pas de caractère bien dangereux.

Le « rancho de Cucomongo est une magnifique propriété, contenant au-delà de 15,000 acres de terres
(environ 6,000 hectares). Mais sur cette quantité, et
à part la vigne et les plantations de don Luis S..., à
peine 500 acres sont cultivés le long du torrent descendant de la montagne. Arrivé à quelque distance du
fond de la vallée, ce ruisseau, sortant de son encais-
sement de rochers, vient, par des saignées latérales,
irriguer les terres environnantes.

C'est, par ci par là, quelque champ de maïs, d'orge,
mais surtout des herbages très gras, formant comme
des réserves (potreros), dans lesquelles on laisse parfois entrer le gros bétail pour le refaire d'une trop
maigre nouriture offerte par les plaines désertes et
arides.

Mais en dehors de ces 500 acres en état de culture,
ou en nature de pâturage, nulle part de la verdure, rien
que des « brousses » (buissons), des cactus, des herbes
rôties, poussant quand même à travers le sable. Le
long du ruisseau qui va se perdre dans les terres
rocailleuses, à deux ou trois milles des habitations du
rancho, quelques sycomores d'une végétation assez
pauvre forment comme un rideau dans la plaine stérile.

Et cependant le torrent fournit suffisamment d'eau
pour permettre de mettre en culture quelques mille
acres encore. Malheureusement, dans cette oasis, l'esprit d'entreprise n'est guère développé.

Des bandes de chevaux sauvages, des troupeaux de
bœufs, de moutons, broutant au milieu de ces plaines

les arbrisseaux et le « bunch grass », rôdent au pied des montagnes et le long du torrent, là où quelque pâturage plus abondant, et l'eau surtout, les attirent.

Bœufs et chevaux paissent toute l'année sans entraves, dans ces régions, y vivent à l'état sauvage. A peine quelques vaqueros les surveillent, ou sont employés à lasser de temps à autre un bœuf pour la nourriture des habitants du rancho, ou quelque cheval dont on a besoin pour le service, mais qu'il faut, avant tout, dresser et rendre à l'état plus ou moins domestique.

Mais, en général, ces mustangs ne servent qu'aux vaqueros. Ils sont trop faibles pour le trait, et le ranchero, de préférence, a pour sa voiture des chevaux de race américaine.

Les troupeaux de moutons sont le plus fréquemment rentrés à la nuit dans un corral. Toute la journée ils pâturent sous l'œil de quelque Indien à cheval, qui, le soir, les pousse vers l'habitation, car les coyotes rôdent par bandes, toute la nuit; le lion de Californie, s'il ne peut s'en prendre à un poulain ou à un « novillo » (jeune bœuf de l'année), trouverait à faire une riche moisson au milieu des troupeaux de moutons.

Tout le rancho aux animaux était alors la propriété de don Juan C..., Californien d'assez bonne composition, ou plutôt de sa femme, qui, avec don Juan, en était arrivée à son troisième ou quatrième mari.

La chronique scandaleuse prétend que les deux ou

trois prédécesseurs ont éprouvé un triste sort, et sont tombés sous quelque balle mystérieuse.

Donna Antonia était encore une superbe femme de trente ans environ, dont le visage au teint chaud et les yeux d'un noir profond indiquaient de vives passions, un tempérament à peine amorti par la civilisation.

Elle vivait d'ailleurs très retirée, dans une vaste habitation entourée de jardins, de corrals, avec ses enfants et ses domestiques Indiens ou Californiens. Rarement la voyait-on dehors, si ce n'est parfois le soir, alors qu'elle respirait l'air frais sous les ombrages, ou sous la verandah faisant le tour de la maison principale.

Ses enfants, dont l'éducation n'a pas dû s'élever au-dessus des premiers rudiments, n'ont guère dû tourner à quelque chose de mieux que les jeunes Indiens et vaqueros employés autour de la ferme.

Tout ce monde, d'ailleurs, vivait à peu près sur le pied d'égalité et dans une promiscuité rappelant la vie californienne d'il y a 50 ans.

La paresse est la maîtresse du logis. Chacun dépense sans compter. Le gaspillage est ici à l'ordre du jour.

Le «store» (magasin) de la station est là à deux pas, pour fournir tout ce qui manque, depuis le grain, le maïs, qu'on ne veut pas se donner la peine de cultiver, jusqu'aux robes des femmes du rancho et à leurs chaussures.

Il n'y a guères que des dépenses dans la maison.

De recettes, point, si ce n'est peut-être le fermage de quelques pièces de terres. Et l'on arrive au bout de l'an à devoir au magasin 3 à 4,000 dollars, pour le paiement desquels il faudra vendre quelque troupeau de bœufs et de moutons, ou l'une ou l'autre des meilleures parties du rancho.

Les Californiens (natifs), voient arriver la ruine, sans le plus souvent chercher à y opposer quelque remède. Aussi, tous ces vastes ranchos ont-ils actuellement passé hors de leurs mains.

Et, à cette époque, je fus amené par des circonstances de ce genre, à devenir acheteur de ce grand rancho de Cucomongo. Toutefois, connaissant le fond des choses de l'administration de don Juan C..., je ne jugeai pas fort délicat d'accepter les offres excessivement basses qui me furent faites pour l'achat de la propriété, par le tuteur des enfants C... Il y avait alors à faire face à pas mal de dettes, et l'on me proposa toute la propriété en l'état où elle se trouvait, avec le bétail, chevaux, etc., pour la somme de dix mille dollars.

Quelques années plus tard, les 500 à 1,000 acres cultivés de ce rancho furent vendus à raison de 37,000 dollars, et mon ami le Parisien, qui tenait le « store » de la station, acquit pour 3 à 4,000 dollars les 4 à 6 acres de terres en jardins autour de son magasin, sur le bord du torrent.

Dans la partie du domaine de Cucomongo que don Luis S... s'était réservé, tout était différent d'aspect et d'allures d'avec l'habitation de don Juan C... Faisant une juste part aux habitudes du pays, qui finissent toujours par s'implanter, vous auriez pu vous croire dans quelque propriété vignoble du Bordelais.

Ici, tout le monde parle français, même le capitaine G..., Portugais d'origine, naturalisé Américain depuis de longues années, car il a toute sa jeunesse navigué comme capitaine d'un clipper des Etats-Unis. Il est vrai qu'il parlera l'anglais ou l'espagnol de préférence, alors même qu'il connait le français très convenablement.

Nous sommes une petite colonie d'une vingtaine de personnes, y compris le maître de poste, propriétaire du « store », et sa femme, Parisiens tous deux.

Dans les cours, autour de la résidence de don Luis S..., sont construites diverses maisons, habitées par les tonneliers, le cuisinier et les blancs employés au vignoble.

Quant aux Indiens, ils logent sous quelque hangar, dans le corral, là enfin où le caprice les pousse à étendre leurs couvertures, à la nuit. Ils font leur cuisine eux-mêmes, car quel artiste culinaire pourrait les satisfaire! Ils mangent leur « carne secca » (viande sèche), et quelle viande! Celle que nos bouchers jettent ordinairement aux chiens. Mais c'est celle que les Indiens préfèrent.

Sur les bords du ruisseau qui serpente dans les jardins et à quelques pas de la vigne, sous l'ombrage d'une double rangée d'arbres magnifiques, sont établis les caves immenses, les pressoirs, et toute une installation pour le brûlage des vins et leur distillation en eaux-de-vie.

Les jardins fournissent tous les légumes désirables.
Quelques vaches, paissant dans une prairie bien arro-
sée et entourée de barrières, donnent le laitage. Toutes
les semaines on abat un bœuf et quelques moutons
pour la table de la colonie. Et si la viande de boucherie manque, les diligences de Los Angeles ou de San
Bernardino en apportent dans la journée. La volaille
est naturellement abondante. Puis la chasse fournit un
large contingent. Si ce ne sont quelques chevreuils,
toujours il y a de la perdrix, de la tourterelle, du lièvre
et du lapin, car un Mexicain, le « cazadore » (chasseur)
n'a pas d'autre occupation, chez don Luis, que de
poursuivre le gibier, dès l'aube au crépuscule. Il faut
qu'il détruise toutes ces perdrix, ces innombrables
lapins et lièvres, qui de toute la plaine viennent s'a-
charner aux jeunes pousses des ceps et au feuillage.

On fait ici bonne et large chère. J'ai conservé un
excellent souvenir de ces repas, que la meilleure table
française aurait à peine pu offrir, et que nous allions
partager, don Luis S..., le capitaine G.... et moi, chez
nos amis de la station postale.

Là, assis autour d'une table dressée sur le torrent,
sous un ombrage impénétrable, nous passions en
joyeuses causeries les heures les plus chaudes de la
journée.

Nous y avions parfois la compagnie d'un brave voisin, Français aussi, M. M. de B..., vieux noble franc-
comtois, réfugié sans beaucoup d'illusions, mais avec
une grande dose de philosophie, dans un charmant

petit coin de terre, à quelque deux milles de Cucomongo.

Notre cuisinier, sous la haute direction de Mme R...,
la femme du maître de poste, était un ancien zouave,
ayant fait les campagnes de Crimée et d'Italie, déser-
teur, j'en ai toujours eu le soupçon, de l'armée des
Etats-Unis, dans laquelle il avait servi plusieurs années
à poursuivre les Apaches dans l'Arizona.

Il aurait pu l'avouer. En tout cas, dans ses nombreuses pérambulations, il avait acquis une certaine
connaissance culinaire que Mme R... savait diriger admirablement, à la reconnaissance profonde de ses in-
vités.

———

J'avais apporté mon fusil de chasse et un « Henry
rifle », carabine d'un modèle un peu court, mais por-
tant bien la balle. Je savais que dans toute cette contrée je trouverais abondance de gibier et pas de
gêneurs. Le seul chasseur à vingt milles à la ronde
était le cazadore de don Luis. Pendant le temps que je
passai à Cucomongo, je le relevai d'une bonne partie
de sa besogne, et j'eus ainsi tout à discrétion.

Dans le haut du « creek » (torrent), nous trouvions à
pêcher la truite, distraction qui réussissait fort bien au
« Post-master », que j'accompagnais ordinairement,
quoique la pêche n'ait jamais eu de grands charmes
pour moi : j'entends la petite pêche de lacs et de rivières. Nous avions promptement une ample provision
de truites excellentes, je dois le reconnaître, mais loin

de valoir le poisson pêché dans les rivières du Jura et les torrents des Alpes.

Dès l'aurore j'étais sur pied: Les jambes bien enguêtrées, à l'épreuve, plus ou moins, des piquants des cactus et des buissons d'épines, une gourde de whisky et quelques biscuits dans ma gibecière, j'allais battre la campagne en compagnie de deux énormes chiens mal dressés, mais rapportant avec entrain toutes les fois que le gibier allait tomber dans quelque fouillis d'arbustes. Leur ardeur souvent les mettait aux prises avec les cactus, et hurlant de douleur, ils ne voulaient plus sortir du couvert. J'étais obligé de les aller chercher, de les porter hors des broussailles et de leur enlever les piquants qui de toutes parts les martyrisaient.

Ces chiens étaient plus gênants qu'utiles, lorsque je chassais la perdrix, le lièvre ou le lapin. Mais j'avais en eux des dénicheurs infatigables de chats sauvages, fort nombreux au pied de la montagne, et j'aimais mieux à faire le coup de feu contre ces dangereuses bêtes que contre le petit gibier, que d'ailleurs je ne tuais guère que jusqu'à concurrence des besoins de notre table.

Lorsque le soleil était un peu haut dans le ciel, entre 8 à 9 heures du matin, alors que j'apercevais au-dessous de moi, dans la vallée, les tourbillons de poussière soulevés par la diligence de San Bernardino, je reprenais la route de Cucomongo, rentrant toujours avec une ou deux douzaines de perdrix et quelques lapins, ce que raisonnablement je pouvais porter à travers ces terres sablonneuses si pénibles à la marche.

La perdrix de Californie n'a rien de commun avec la perdrix d'Europe. On lui donne ici ce nom, je ne sais trop pourquoi. Les Américains la désignent généralement sous le nom de « quail » (caille), sans beaucoup plus de raison. Je crois qu'en Europe l'on connaît cette perdrix sous la dénomination de «colin de Californie». De la taille d'un jeune pigeon, le plumage d'un gris bleu, moucheté de taches noires, le mâle ayant une petite aigrette sur la tête, cette perdrix a la chair blanche. Je n'ai jamais pu l'apprécier comme les Américains; cependant, les jeunes perdreaux sont assez délicats.

La chasse ne s'ouvre guères, de par la loi, que vers le commencement de septembre; mais, dans les comtés du Sud, si peu peuplés, l'on chasse toute l'année, sans crainte de délation.

Le lapin est de deux espèces, la plus commune est le « cotton tail » (queue en coton), d'un manger très passable.

Quant au lièvre, très abondant, il est d'un régal peu recherché. C'est un grand diable de lièvre aux longues oreilles, ce qui lui a valu le nom de «Jackass» (mulet, âne). Il est trop souvent en mauvaise condition, parfois atteint de tumeurs.

Je lui préférais un autre genre de chasse, ne me donnant guère la peine, dans mes promenades matinales, de le tirer, pour avoir à le porter moi-même pendant quelques milles.

Le « rattlesnake » (serpent à sonnettes), est d'une rencontre très fréquente dans toute la Californie, et le nombre de ses victimes trop considérable, malheureusement, faute de ne pouvoir trouver des soins immédiats.

Gare à sa morsure, lorsque, par inadvertance, dans quelque sentier couvert où il opère sa digestion dans un lourd sommeil, vous avez le malheur de le déranger, de marcher dessus, par exemple.

Autrement, il est facile de l'éviter. Le cliquetis de ses nombreuses sonnettes annonce son approche, et un coup de fusil ou un coup de bâton bien appliqué vous en débarrasse.

Ils ont souvent jusqu'à cinq pieds de longueur. Leur corps est gros comme le poignet d'un homme bien constitué; l'extrémité de la queue formée de dix, quinze, même vingt anneaux, ce qui leur a valu ce nom de serpents à sonnettes.

Dans l'intérieur, dans les montagnes, le médecin n'est pas à la porte; mais il y a toujours quelque « whisky mill » (guinguette où l'on vend du whisky).

Cette liqueur est le remède des Américains contre le venin. On fait boire au patient absolument tout ce que son intérieur peut absorber de whisky, on lui entonne, c'est là le mot, un gallon ou plus de liqueur. S'il ne meurt pas de cette absorption, il se tirera d'affaires quant au venin du serpent.

Il sera ivre-mort pendant trois ou quatre jours. Dans ce pays d'ivrognes, cela aura pu lui arriver sans le prétexte de se guérir d'une morsure venimeuse.

Je rapportai un jour un oiseau de la taille d'un faisan d'Europe, ayant à peu près le même plumage et une fort longue queue. A grand'peine j'étais parvenu à le tirer sous le couvert des cactus, dans lequel il disparaissait avec une vitesse prodigieuse. Plusieurs fois j'avais essayé de le faire lever, mais inutilement. Cette espèce de faisan, à ce que j'appris plus tard, prend très rarement le vol. Il a des jambes très fortes, hautes et d'une vigueur sans pareille. Son bec droit, gros et très acéré, doit lui permettre une défense vigoureuse.

Mais sa singularité la plus grande consiste dans son aversion des serpents. Il leur fait une guerre acharnée et haineuse, ne craignant pas de s'attaquer au serpent à sonnettes. Il est vrai que sa manière de le combattre l'expose rarement à mal.

Lorsque, dans un fouillis d'arbustes, il rencontre quelque serpent à sonnettes, dormant et digérant au soleil, ce faisan court d'un cactus à l'autre, arrache avec son bec ces grosses feuilles épaisses, garnies de piquants, et vient les entasser autour du serpent, formant ainsi une véritable barricade toute bardée de dards.

Son travail achevé, il peut jouir de la mort de son ennemi qui s'acharne à franchir cette barrière d'épines, tombe incessamment transpercé de toutes parts et finit par succomber à ses nombreuses blessures.

Dès que je connus la tâche civilisatrice de cet oiseau, je me gardai bien de le tirer, d'autant mieux qu'il présente sur le faisan d'Europe cette autre différence très préjudiciable, d'être fort mal en chair, et que cette chair est coriace au suprême degré.

Ces plaines couvertes de cactus sont la demeure favorite de l'oiseau moqueur.

. Je le connaissais bien, car dans presque toutes les maisons du pays l'on garde en cage quelques-uns de ces oiseaux. C'est là surtout qu'il fait son éducation musicale et imitatrice. Sa valeur atteint parfois à 40, 50 dollars lorsque, imitateur parfait, il rend tous les bruits, tous les sons qu'il entend autour de lui, depuis le croassement des grenouilles au bêlement de la brebis, à l'aboiement des chiens, etc.

Battant la plaine incessamment, j'appris à connaître leurs habitudes, et don Luis n'était pas un dénicheur de nids plus enragé que je ne le devins.

L'oiseau moqueur s'habitue très facilement à la captivité, surtout lorsqu'il est pris jeune. Pendant mon séjour à Cucomongo, j'eus l'occasion de faire plusieurs élèves. Ils deviennent très familiers et se font si bien aux habitudes de la maison, que fréquemment on leur laisse liberté entière.

Ils s'envolent à quelque distance, cherchant peut-être la société de leurs congénères, mais le soir ils reviennent très régulièrement à leurs cages. Relativement à leur taille, qui est à peu près celle du merle, ils sont très gloutons et doivent détruire une grande quantité d'insectes. Ils s'attaquent également aux souris et autres petits rongeurs, car la viande crue est un régal pour eux.

A l'exception du canard et de l'oie sauvage, il est

rarc de rencontrer d'autre gibier à plumes dans ces contrées. La cause en est sans doute dans le manque d'eau et de graines.

De nombreuses bandes d'antilopes couraient dans la plaine. Souvent le conducteur de la diligence de San Bernardino, arrivant de bonne heure à Cucomongo, m'avait dit en avoir rencontré, traversant la route, et les vaqueros, allant reconnaître le bétail dans ces vastes solitudes, trouvaient ces antilopes mêlées aux troupeaux de bœufs.

Elles venaient bien se désaltérer le matin et le soir, au seul cours d'eau arrosant ces déserts, mais encore était-il impraticable de tenir l'affût sur une distance de cinq à dix milles.

Je songeai à les chasser à cheval. C'était d'ailleurs l'espèce de chasse que j'entendais pratiquer contre les lièvres, me disant que si, dans ces longues courses, je devais revenir bredouille en fait d'antilopes, j'étais toujours sûr de rapporter quelques lièvres pendus au pommeau de ma selle.

<hr>

Mais pour cela il me fallait un bon cheval.

— Je serais bien en peine de vous en fournir un, me dit don Luis. Mes chevaux sont des bêtes de travail, que parfois, il est vrai, j'attèle à mon « buggy » (légère voiture à quatre roues), et vous avez pu vous assurer qu'ils n'ont pas d'allures. Mais allons chez don Juan C..., il vous trouvera votre affaire, si vous êtes bon cavalier. Vous pourrez acheter la bête qui vous conviendra, elle ne vous coûtera guère plus de quinze dollars. En quittant le pays, vous pourrez la revendre et rentrer dans votre argent.

Nous allâmes voir don Juan.

— Je n'ai guères que les chevaux de mes vaqueros; ils ne peuvent vous convenir. Mais si vous voulez attendre quelques jours, j'ai précisément dans une « cavaillade », près d'ici, un cheval jaune auquel on a déjà mis la selle. Il n'est pas dressé pour tout cela; à peine a-t-il été monté par mon vaquero principal, et il se défend bien, autant qu'il peut. Mais c'est une bonne bête, elle a de la taille et elle vous fera plaisir dans qnelque temps.

—Dans quelque temps! Mais je n'en ai pas à perdre, répondis-je à don Juan. Voyons, votre vaquero pourra-t-il en deux ou trois jours arriver à assouplir quelque peu ce « bronco? »

— Mais certainement, vous pourrez monter dessus. Vous aurez affaire à une bête à peu près sauvage, je dois vous en prévenir. Mes vaqueros n'y regardent pas de si près. Une fois en selle, vous n'aurez qu'à bien vous tenir, et si le cheval vous emporte, ne cherchez pas trop à batailler avec lui pour une première fois. Laissez-le manger du terrain, il y a de l'espace de tous côtés. Lorsqu'il en aura assez dans les jambes, il se calmera, c'est l'affaire de quelques leçons.

Vers le soir, un vaquero alla lasser le cheval et l'amena dans le corral. On lui mit les entraves et il passa la nuit au milieu des bêtes de service.

Le lendemain, de bonne heure, le « bronco » fut conduit devant la ferme, dans un terrain parfaitement ouvert. Le pauvre animal se débattait comme un beau diable et tremblait de tous ses membres.

L'épouvante éclatait dans ses yeux. On lui avait jeté le lasso ; c'était la seule manière de le pouvoir contenir.

Pendant quelque temps, il fut impossible de l'approcher ; c'était une fusée de ruades formidables. Il se défendait également avec ses pieds de devant. Ses saccades violentes et ses envies de désertion ne faisaient que serrer le lasso autour de son cou.

Pantelant, le sang lui sortant des naseaux et de la bouche, cet étranglement le jetait sur le sable, tantôt sur ses jambes de devant, tantôt de tout le corps. C'était un spectacle cruel, mais quel autre moyen employer pour réduire cette bête sauvage ?

Lorsqu'enfin, abruti, rendu, il laissa le vaquero s'approcher, celui-ci lui passa à grand'peine le mors mexicain, puis une coiffe s'abaissant et se relevant sur les yeux, à la volonté du cavalier.

Quelques coups de pied remirent le pauvre cheval sur les jambes. Bien maintenu par le lasso, on put lui jeter une espèce de selle sur le dos. Ce fut tout un travail que d'assujettir cette selle. Puis le vaquero, les deux talons armés de ces énormes éperons mexicains, cherchant à caresser le pauvre bronco, tout en se tenant à l'abri de ses attaques, sauta d'un bond en selle, rabattit la coiffe entièrement. En même temps, le second vaquero lâchait le lasso.

Je croyais le cheval à peu près rendu de fatigue. En quelques bonds il nous montra toute sa puissance. Nous n'avions que le temps de nous écarter pour échapper à ses fugues et à ses ruades.

———

Mais il avait à s'épuiser en vains efforts. Le vaquero, vrai centaure, ne bronchait pas de la selle. Sous la pression si douloureuse du mors mexicain, il broyait la bouche du patient, tandis qu'avec ses éperons il lui labourait les flancs.

Le cheval ne chercha pas à s'emporter. Sans doute, la coiffe qui l'aveuglait, le rendait moins entreprenant. A plusieurs reprises, fou de douleur et de rage, il se jeta violemment à terre, essayant de broyer son cavalier sous lui. Peines inutiles; celui-ci, toujours prêt à la parade, avait bien soin de n'être pas engagé. Il fallait que le mustang se remît sur ses jambes et reconnût son impuissance.

Ce martyre avait bien duré trois quarts d'heure, lorsque le vaquero, supposant que cette première leçon était suffisante, leva la coiffe, et bête et homme disparurent au milieu de la plaine, dans un tourbillon de poussière.

Deux heures après, nous les voyions revenir d'une allure plus calme. Le pauvre bronco, couvert d'écume et de sang, tout tremblant et l'œil fatigué, se sentait vaincu et ne paraissait plus disposé à se défendre.

On le rentra dans le corral, où il put aller conter ses peines à ses camarades.

Ce travail de dressage fut repris le lendemain et le surlendemain par le vaquero-chef. Le cheval se défendait bien encore, mais faiblement, et l'on arrivait sans trop de difficultés à le brider et à le seller. Il avait à peu près perdu son caractère sauvage.

— Vous voyez, me dit le vaquero, vous n'aurez pas d'ennuis. Il apprendra bientôt à vous connaître. Montez-le sans crainte. S'il ne fait pas trop le méchant avec vous, caressez-le. S'il veut se défendre, attaquez-le énergiquement et laissez lui prendre du champ tant que son ardeur en demandera. Et si vous voulez me permettre un conseil, quittez vos semblants d'éperons européens et adoptez les nôtres, ils ne se brisent pas. Evitez que le cheval vous désarçonne, il en serait trop content et cela le ferait persévérer dans ses vices. J'ai dressé bien des chevaux, continua-t-il, en fait je ne me souviens pas trop d'avoir jamais eu entre les jambes que des mustangs que j'allais choisir, sauvages, dans la plaine; eh bien, je crois vraiment que la bête que vous allez avoir vous donnera satisfaction.

Mon acquisition fut amenée dans le corral de don Luis S...

J'avais bien quelques appréhensions; toutefois je me décidai à commencer dès le lendemain à monter mon bronco.

Au petit jour, je descendis, appelai les Indiens, qui allèrent me lasser mon mustang.

Il essaya bien quelques ruades, mais enfin nous parvinmes à lui passer la bride. La selle lui fut jetée sur le dos, elle put même être fixée; mais crac, voilà le cheval couché dans la poussière. A coups de pied les Indiens le firent se relever. Je sautai sur la bête; patatra! aussitôt la voilà lâchant des quatre pattes et couchée de nouveau. J'essayai de tous les moyens pour lui faire reprendre son équilibre; ni encouragements, ni coups n'y pouvaient réussir.

— Mettez-vous en selle, senor, me crièrent les Indiens, et tenez-vous ferme lorsque le chevel se relèvera. Nous allons bien le remettre sur les jambes.

Je me doutais bien peu du moyen qu'ils allaient employer. S'il a cours chez eux, je doute que l'on s'en soit jamais servi en Europe.

J'étais bien préparé à attraper mon assiette lorsque le bronco allait revenir debout, et j'étais résolu à lui administrer quelque correction bien sentie, s'il cherchait encore à se défendre trop violemment.

Je n'en eus pas besoin.

Mes brigands d'Indiens allumèrent une poignée de paille et l'insérèrent sous la queue de mon malheureux cheval.

La seconde d'après je me sentais enlevé. En quelques sauts le corral fut traversé, la barrière franchie d'un bond qu'un cheval de steeple-chase aurait envié, et nous voilà partis dans la plaine d'un train infernal.

Le feu avait produit son effet; heureusement que mes Indiens enragés avaient encore enlevé la torche au moment où le cheval s'était relevé.

Pendant cinq, six milles peut-être, de course effrénée, j'eus entre les jambes un mustang à peu près fou. Nous filions à travers les ronces et les herbes sèches, frôlant parfois quelques cactus, comme filait le cheval de la légende de Lenore.

J'avais beau essayer de ralentir cette allure désordonnée; le bronco ne paraissait pas sentir le mors. Enfin, me dis-je, d'ici à la rivière de San Bernardino, j'ai quelque vingt-cinq milles du même genre de pays, c'est bien le diable si mon enragé ne s'arrête pas, ou tout au moins ne rentre pas dans le devoir. Et je finis par lui laisser toute liberté de se fatiguer.

Heureusement je n'eus pas à franchir ces vingt-cinq milles. Arrivé au fond du vallon, au pied des collines, mon mustang parut satisfait de son escapade. Son galop fléchit, j'essayai de quelques caresses, et enfin je réussis à l'arrêter.

Je le laissai souffler à son aise, sans toutefois mettre pied à terre, ne voulant pas risquer une nouvelle fugue. Et au pas de mon pauvre diable d'indiscipliné, je regagnai le corral de don Luis.

Longeant la vigne, j'aperçus quelques-uns de mes Indiens, riant sous cape du succès de leur invention pour faire relever un cheval qui se couche. J'ignore s'ils étaient contents de me voir revenir sans avaries. C'étaient des brutes complètes, mais non de méchantes gens.

Mon mustang devint promptement une bête parfaite. J'eus bien encore à batailler avec lui pour l'habituer à s'arrêter lorsque, poursuivant quelques antilopes, je me décidais à tirer. Puis il n'aimait pas les coups de fusil que parfois je lui lâchais aux oreilles, et je le voyais toujours montrer une certaine inquiétude lorsque je détachais mon rifle du pommeau de la selle. Quelques coups de canon de carabine appliqués sur le haut de la tête, et il s'y habitua.

Il comprenait que dans cette poursuite j'avais besoin de toute sa vitesse, car l'antilope détalait souvent devant nous à grande distance. Lorsque, arrivé à réduire cette distance, mon mustang s'apercevait que le gibier filait droit devant lui, je sentais qu'il était à son affaire. Je n'avais plus besoin de le guider, il allait droit sur la bande, et j'avais les deux mains libres pour préparer et lever mon rifle.

Je fis de nombreuses chasses à l'antilope dans ces plaines, mais sans beaucoup de succès. Il aurait fallu être plusieurs chasseurs, afin de concentrer les bandes et les empêcher de se jeter dans les montagnes. J'aurais certes mieux réussi en employant d'autres moyens, entre autres l'affût derrière quelque draperie de couleur voyante fixée sur des piquets.

L'antilope, de sa nature, est très curieuse ; elle se dirige dans la plaine sur tous les points où quelque objet, rouge, par exemple, vient à frapper sa vue. Il faut qu'elle aille le reconnaître, et les chances, alors, sont favorables de la tirer à distance convenable.

Mais le lièvre, ce grand lièvre du désert, ne me manquait pas.

Le matin, à cheval, j'allais relever les abords de la vigne, où j'étais sûr de rencontrer de nombreuses victimes. A fond de train, je les poussais dans la vallée, là où aucune broussaille ou feuille de cactus ne pouvaient leur offrir de refuge. Puis je les abattais à coup de rifle, dont je me servais de préférence à mon fusil Lefaucheux, car je ne savais pas toujours quelle espèce de gibier j'allais rencontrer, depuis l'antilope au chat sauvage, au coyote, même au lion de Californie.

J'avais été un jour fort ennuyé, alors que, parcourant un «chapperal» (endroit couvert de buissons) et chassant la perdrix et le lapin avec du plomb nº 6, je vis venir, descendant lentement la colline devant moi, un magnifique lion. Arrivé à cinquante pas et m'apercevant, il allait se jeter dans le fourré, lorsque, par acquit de conscience, je lui lâchai mes deux coups de feu.

Probablement lui ai-je soufflé le poil, mais il ne vint pas me le dire.

J'eus plus tard pareille rencontre, au sommet des montagnes de Santa Cruz, à 50 milles de San Francisco, où j'allais reconnaitre un «deposit» de minéraux. Je n'avais qu'un mauvais fusil à piston que l'on m'avait prêté au pied de la montagne. Je salai le lion avec de la petite grenaille, alors qu'il traversait la route devant ma voiture. Il s'enfuit encore dans des broussailles impénétrables.

Le lion de Californie n'est pas rare sur la côte du Pacifique. C'est une belle bête, dans le genre du puma ou jaguar. S'il avait la tête plus forte, je le comparerais plutôt à la lionne d'Afrique, dont il a tout-à-fait le pelage et la taille, avec des membres moins vigoureux.

Rarement le lion de Californie s'attaque à l'homme, à moins qu'il ne soit harcelé par la faim. Il rôde géné-

ralement dans les montagnes, auprès des fermes, faisant la chasse aux jeunes bœufs et génisses, à défaut
enlevant quelques moutons. Poursuivi, mis en demeure par les chiens, il se jettera le plus souvent dans
un arbre, où il est alors facile de le tirer.

———

Je rencontrais souvent au magasin-bureau de poste
de la station, où nous voyions défiler les quelques
habitants des contrées environnantes, un grand diable
d'Américain, maigre comme un jour sans pain, ayant
une vraie tournure à la don Quichotte, ou encore res-
semblant étonnamment à la caricature d' « oncle Jona-
than », le sobriquet du vrai Yankee.

Parfois je l'invitais, à la mode américaine, à prendre
un verre de whisky, ce qu'il ne refusait d'ailleurs jamais.

Par le « Post master », j'appris que mon Américain
vivait au pied de la montagne, où il avait défriché,
tout au moins délimité une centaine d'acres de terres
appartenant au gouvernement. Il résidait sur cette
propriété avec sa famille, dans une maisonnette en
planches, au milieu d'une aisance fort problématique.

Cependant il possédait quelques animaux et il s'occupait de voiturage, ce qui était bien le seul moyen
de faire entrer quelque argent dans la maison.

Souvent il m'avait aperçu, chassant dans les environs de sa ferme, et grand chasseur lui-même, tant
par plaisir que par nécessité, il m'invita à l'aller voir,

me promettant de m'indiquer les meilleurs endroits de cette partie du pays.

Depuis longtemps je songeais à chasser l'ours, et j'avais demandé à don Luis s'il connaissait, dans la contrée, quelque chasseur expérimenté auquel je pourrais me joindre.

— Je ne vois que Joe Clark qui puisse bien faire votre affaire, m'avait répondu don Luis. C'est en tout premier lieu un brave homme, point sot, toujours convenable et poli. Il connait à fond les montagnes de Cucomongo et de San Bernardino. Depuis vingt ans qu'il est dans le pays, il a tué je ne sais combien de « grizzlis » (ours gris). J'ai toute confiance dans cet homme, mais ceci dit, croyez-moi, n'entreprenez pas cette chasse, elle est trop dangereuse. Pensez bien que vous n'avez pas ici à combattre l'ours des Etats de l'Est ou d'Europe, mais l'ours gris, et mieux vaudrait vous attaquer au lion d'Afrique ou au tigre de l'Inde. Si vous ne le touchez pas au bon endroit, vous pourrez lui loger une douzaine de balles dans le corps, sans pour cela le faire reculer, et dans nos montagnes les fourrés sont trop épais, il n'y a pas de sentiers pour s'échapper, au besoin. Si l'ours vient sur vous, vous êtes perdu. Si vous vous réfugiez sur un arbre un peu fort de tronc, l'ours vous y suivra. Si vous êtes grimpé dans un jeune arbre, au tronc mince, l'ours n'y pourra pas monter, il est vrai, mais il cherchera à le déraciner et le secouera comme on secoue un prunier. Figurez-vous que vous pourrez vous rencontrer avec quelque bête de la taille d'un jeune taureau, pesant de mille à douze cents livres, et que, malgré ce lourd physique, le « grizzli » vous gagnera toujours à la course.

Non, vraiment, ne commettez pas d'imprudence. Attendez plutôt. Don Juan C... se plaint depuis longtemps de perdre des animaux au pied de la Sierra. Il s'en fatiguera bientôt et enverra ses vaqueros surveiller l'ours qui fait de pareils ravages. Vous pourrez les accompagner et suivre ce genre de chasse, car vous n'y prendrez guère une part active, à moins que vous ne tiriez sur la bête. Mais ce n'est pas ce dont il s'agit ici.

Les vaqueros vont se poster à l'endroit où ils jugent par les traces, que l'ours, à la nuit, sort pour descendre dans la plaine. Jamais ils ne l'attaquent dans la montagne; d'ailleurs ils ne pourraient y pénétrer à cheval.

Lorsque l'ours est à découvert, les vaqueros l'entourent. Chacun d'eux lui lance son lasso, qui à une patte, qui à l'autre, qui autour du cou. La bête est-elle bien saisie, les vaqueros s'écartent vivement, passent quelques tours de lasso autour de maître Bruin, le renversent par une forte secousse et finissent par le ficeler comme un saucisson. Cette prise de l'ours n'est pas une besogne facile et un vaquero seul, quelque adroit et téméraire qu'il soit, ne tente jamais l'aventure, car il peut arriver que, bien même que l'ours soit lassé par quelque membre, il saisit le lasso avec ses pattes de devant et, brassant comme un matelot qui rentre un câble, il tirera à lui vaquero et cheval, si le cavalier ne peut bien vite couper le lasso.

Dans le temps, lorsqu'un ours était ainsi pris, cela devenait l'occasion d'une petite fête pour les rancheros de la contrée.

Le « Grizzli », ainsi emmailloté par les lassos, était conservé jusqu'au dimanche suivant et les vaqueros construisaient un grand corral avec des troncs d'arbres solidement amarrés.

Puis l'on cherchait par tout le pays les taureaux les plus sauvages, les plus méchants, que l'on amenait dans ce corral pour les faire battre avec l'ours. Il arrivait bien rarement que maître Bruin n'abattît successivement ses adversaires et ne restât maître du champ de bataille sans avoir trop souffert.

A moins qu'on ne le conservât pour une autre représentation, les vaqueros le dépêchaient à coups de fusil.

Si les hommes de don Juan réussissent à lasser un ours, continua don Luis, nous pourrons vous offrir le spectacle d'un combat. Toutefois, je ne réponds pas que l'on puisse trouver dans le pays des taureaux bien disposés à ce genre de bataille. Ils sont toujours sauvages, mais aujourd'hui la contrée est trop habitée pour que les bêtes ne perdent pas de leur sauvagerie.

Croyez-moi, mon cher, si vous voulez voir l'ours, allez le prendre avec les vaqueros. Vous n'aurez pas la satisfaction de l'occire, mais aussi nous vous verrons revenir sans avaries.

— Ma foi, don Luis, grand merci de vos conseils. Je ferai très volontiers la partie avec les vaqueros, mais s'il y a moyen d'aller reconnaître le « grizzli », le rifle en mains, je veux essayer. Je veux aller voir Joe Clark, peut-être consentira-t-il à m'accompagner.

J'oubliais de dire que Joe Clark était précisément mon grand Américain. Mais jamais je n'avais entamé avec lui la question d'une chasse à l'ours. Joe avait la moitié du bras gauche enlevée au coude ; c'était, à mes yeux, un grand désavantage pour entreprendre une partie dangereuse.

Cependant, à la première rencontre, je fis part de mes projets à Joe Clark. Il secoua la tête et ne me répondit pas de suite.

Je vis bien que ce n'était pas un refus, mais que mon homme n'avait que demi-confiance en moi, comme partenaire.

— Ecoutez, me dit-il enfin ; cette chasse à l'ours peut nous conduire à être plusieurs jours en campagne. Or, avant une semaine, je ne pourrai m'absenter. Nous en recauserons. En attendant, venez donc demain matin de bonne heure chez moi, nous irons dénicher quelques chats sauvages. Ils sont abondants comme les sauterelles dans la plaine, et c'est toujours un beau coup de fusil.

Je lui promis de le rencontrer le lendemain matin au petit jour.

Je pris mon rifle, montai à cheval, car il y avait près de huit milles de Cucomongo à la maisonnette de Joe Clark, et accompagné de mes deux gros chiens, je fus rendu que le soleil paraissait à peine à l'horizon.

Mon Américain m'avait aperçu de loin, courant sur

le versant de la montagne; et le déjeuner fumait sur la table lorsque je mis pied à terre.

La famille de Joe se composait de sa femme, de deux petites filles et d'un jeune garçon de douze ans, grand pour son âge et trappu, ramassé comme un boule-dogue.

— Vous n'avez pas d'objections, me dit Joe, à ce que nous emmenions l'enfant avec nous? J'ai toujours été grand chasseur; mais je ne me souviens pas avoir eu dans mon enfance l'ardeur de ce garçon. Et cependant je vivais avec mes parents au fond des bois de l'Arkansas. C'est vous dire que la chasse nous occupait exclusivement, lorsque nous n'avions pas à nous défendre contre les attaques fréquentes des Indiens.

L'enfant était tout joie. Il n'attendit pas la fin de notre repas matinal, pour s'esquiver et reparaître tôt après, armé d'un pitoyable mousquet de cavalerie, dont on n'aurait pas donné quarante sous.

— C'est avec cette arme que vous permettez à votre fils d'attaquer le chat sauvage? demandai-je à Clark qui, de son côté, revenait avec un grand diable de fusil Remington, qu'il avait, à ce qu'il me raconta, troqué avec un soldat dans l'Arizona, contre un gallon de mauvais whisky.

—Et pourquoi pas? me répondit Joe. N'ayez aucune crainte, le gamin fera très probablement mieux que nous. Voyez donc derrière la maison, vous trouverez qu'il n'est pas maladroit et que son mousquet le sert bien.

Effectivement, tout le long de la « fence » (barrière),

je ne vis que des peaux de chats sauvages, étendues et séchant au soleil. Il y en avait bien une trentaine. C'était le produit des dernières semaines.

La chasse était la principale occupation de l'enfant, chargé également de surveiller le bétail sur l'immense plateau, où il aurait pu s'écarter par trop.

D'école, il ne pouvait en être question. Le magister le plus rapproché vivait à San Bernardino, c'est-à-dire à 25 milles de là, ou bien à San José de Palomares, distant de 15 milles du côté de Los Angeles. Cela n'empêchait pas le gamin de savoir lire et écrire; sa mère lui communiquait sa science pendant les longues soirées d'hiver.

Harry, tel était le nom de l'enfant, alla chercher dans le corral le cheval de son père et le sien, et bientôt nous fûmes en campagne.

Le soleil resplendissait au-dessus de nous dans la montagne, tandis que toute la vallée était enveloppée dans le brouillard.

— Montons au « Dry Creek », vous voyez d'ici cette grande découpure dans la Sierra, me dit Joe, c'est mon endroit de chasse de prédilection. Ce « creek », à cette saison de l'année, ne contient pas beaucoup d'eau ; à la fin de l'hiver c'est un torrent impétueux. Le lit de ce ruisseau est très large pendant près d'un mille, et au-dessus il se partage en deux profondes ravines. La petite vallée est relativement découverte, tandis que partout ailleurs, dans la montagne, il faut la hache pour se frayer un chemin, à moins qu'on n'y rencontre quelque « trail » (sentier d'Indiens). Ce sont à peu près les seules personnes qui s'aventurent dans ces forêts et parmi ces roches, car leurs « rancherias » (villages) sont situées de l'autre côté de la Sierra, et toute cette contrée est pour ainsi dire inexplorée. Cependant il y a des mines dans ces régions. J'ai moi-même reconnu des indications, et les Indiens m'apportent souvent des spécimens de minerais. Le pays, malheureusement, est à peu près inaccessible, et il faudra qu'on y trouve de bonnes veines riches pour que l'on se décide à les travailler. Le bois ne manque pas, continua Joe, mais il n'y a pas d'eau, que je sache, à bien des milles à la ronde, sauf au temps des neiges et des pluies, sur les hauteurs, ce qui remplit les petits creeks pour un temps assez court, d'ailleurs.

Et, à propos de mines, vous avez sans doute connu, à San Francisco ou à San José, M. A..., un Français qui exploite une très riche veine à peu de distance d'ici, du côté de San Bernardino. Voilà plusieurs années qu'il était dans le pays ; on dit qu'il a fait une belle fortune. Ce n'était guère la peine, pour tomber assassiné par de mauvais drôles, à propos d'une Indienne encore, m'a-t-on raconté dernièrement.

Nous cheminions au pas de nos chevaux, depuis près d'une heure, à moitié sous le couvert de petits bouquets d'arbres et de lianes, à travers les roches barrant parfois l'étroit sentier que nous suivions.

Nous venions de laisser à notre droite quelques huttes d'Indiens vivant dans ces solitudes, je ne sais trop de quoi, vraiment, si ce n'est de rapines qu'ils commettent un peu partout. Nous n'aperçûmes que

des « squaws » (femmes) et quelques « papooses »
(enfants), couchés au soleil, en compagnie d'affreux
chiens, que notre présence provoqua à des aboiements
sans fin.

Les hommes étaient absents, à la chasse, probablement, ou à Cucomongo, dans la vallée, rôdant autour
du « store » du maître de poste, cherchant l'aubaine
de quelque verre d' « aguadiente » (eau-de-vie).

Ces Indiens sont presque toujours inoffensifs. Je ne
prétendrai pas cependant qu'il soit prudent de tomber
au milieu d'eux, seul, dans la montagne. Mais je crois
aussi qu'ils servent de paravents et que les crimes
nombreux commis dans ces parages, leur sont attri-
bués plus que de raison.

Leurs chefs, leurs « capitaines », dans les rancherias,
les tiennent et les surveillent sérieusement. Lorsqu'ils
ont à leur débit quelque délit que l'on puisse raisonnablement porter devant ces chefs, les punitions sont
souvent très exemplaires, plus dures que celles que
des blancs tiendraient à infliger à ces pauvres diables
d'Indiens.

Ils n'ont pas d'armes, d'ailleurs, si ce n'est leur
couteau, car je ne mets pas au rang des armes les
mauvais arcs et flèches dont ils se servent à la chasse
dans ces contrées du Sud.

Au surplus, si quelque fusil leur tombait entre les
mains, leur première idée serait de chercher à le
vendre, pour en consacrer le produit à l'achat de
quelques bouteilles d'eau-de-vie.

La pensée seule de pouvoir s'enivrer largement leur

donne le courage de travailler et de gagner quelque argent. Du moins en était-il ainsi en ce qui concernait les Indiens employés au vignoble de don Luis S..., sous la direction de leur « capitaine » Nicolas.

Le samedi soir, après la paye, ils allaient directement au magasin de la station acheter de l'« aguadiente », et buvaient leur dernier sou, cuvant leur ivresse le long de quelque fossé, absolument abrutis, jusqu'au lundi matin.

Et ils gagnaient environ 75 cents (fr. 3»75) par jour.

La corne à bouquin les appelle à la première heure le lundi, et le travail les tient assez rigoureusement jusqu'au samedi suivant. Ils n'ont d'ailleurs plus un cent en poche et, à leur égard, le crédit est mort chez le maître de poste.

L'aguadiente et la malpropreté tueront bientôt ce qui reste d'Indiens dans ces régions, car depuis longtemps l'on peut observer, malgré leurs habitudes nomades, que la race ne se renouvelle presque plus.

Nous débouchâmes sur les bords du « creek », dont le lit rocailleux et couvert de quelques arbustes avait une largeur d'environ cinquante mètres.

Des deux côtés, la montagne tombait presque à pic. Des buissons, des cactus énormes, quelques lauriers croissant sur le versant, le tout entremêlé de lianes et de hautes herbes, en rendaient l'accès presque impraticable.

— Suivons le creek, dit Joe Clark; plus haut nous trouverons de l'espace, là surtout où le torrent se bifurque. Lorsque nous y serons arrivés, nous attache-

rons nos chevaux au découvert et nous commencerons
notre chasse.

Nous avancions à pied, depuis un quart d'heure, le
long du creek, lorsque les deux molosses de Joe donnèrent de la voix.

— Qu'est-ce? demandai-je à Clark; les chiens ont-
ils quelque gibier devant eux, ou bien aboient-ils
contre les Indiens?

Les coups de gueule allaient crescendo.

— Nous allons certainement être servis, me répondit Joe; ils ont levé quelque chat. Attention; laissez-
moi pénétrer dans le fourré. Je serais bien étonné que
mes gaillards n'eussent pas poussé leur gibier à se ré-
fugier sur ces grands arbres que vous voyez au pied
de la côte. Je vais reconnaître la situation. Vous n'avez
pas l'habitude de cette chasse; il est inutile que vous
attrapiez quelque horion. Lorsque je sifflerai, vous
avancerez avec Harry. Nous allons tâcher qu'il tienne
sur l'arbre; mais restez à distance, que la bête ne vous
tombe pas sur le dos. Ne vous pressez pas de tirer. Si
le chat saute, envoyez-lui une balle, si vous voulez,
mais ensuite laissez faire; nous n'aurons plus besoin
de plomb pour lui, les chiens lui casseront le cou et
je vous réponds que cela sera expéditif.

Joe entra sous le couvert. Les molosses aboyaient
comme des enragés.

A quelque distance de nous, un coup de sifflet nous
fit avancer vivement. Nous rejoignîmes Clark à vingt
mètres environ des arbres.

— Ils sont deux, Monsieur, me cria Harry. Voyez,

juste au-dessus des chiens. L'un des chats est couché sur cette grosse branche, l'autre est derrière le tronc ; vous pouvez apercevoir sa tête. Lorsque mon père fera signe, tirez celui qui est sur la branche. Je me charge de l'autre ; papa veut toujours que je tire avant lui.

Avançons encore de quelques pas, vous y verrez mieux ; le fourré est moins épais qu'ici. Tirez vite, Monsieur.

Je lâchai mon coup de rifle. Il avait porté ; mais le chat ne dégringola pas. Je lui envoyai une seconde balle, et il lâcha prise.

Au même moment, le mousquet de mon petit ami Harry avait parlé et le second chat, que j'avais à peine entrevu, fit la culbute.

Ils n'avaient pas touché terre que les molosses étaient déjà sur leur proie. Quelques hurlements, et ce fut fini. Joe fut vers les chiens en une seconde et les empêcha d'abîmer nos victimes.

C'étaient de magnifiques chats, pesant bien près de vingt livres chacun.

Mon premier coup avait porté trop en plein corps, mon second avait emporté le derrière de la tête. Harry avait logé quelques chevrotines dans la tête de son gibier.

— Vous n'avez pas mal abattu votre pièce, me dit Joe Clark ; mais voyez-vous, à cette petite distance, ne tirez jamais qu'à la tête. Allons, Harry, continua-t-il, à l'ouvrage, nous sommes bien ici.

Et voilà le père et le fils accrochant les chats sauvages par les pattes de derrière et les dépouillant.

— La peau seule doit vous suffire, ajouta Joe, je ne suppose pas que vous vouliez charger votre cheval de cette vermine, et de celles que nous pourrons encore rencontrer ?

Dans la matinée, nous relançâmes encore deux chats ; l'un qu'Harry tira avec le même succès, l'autre que je n'eus pas le temps de tuer. Je n'avais pas épaulé mon rifle, que le chat était déjà sur les chiens.

— Approchez, me cria Joe, vous jouirez mieux de la bataille, mais ouvrez votre « bowie-knife » (coutelas). Si le chat s'échappait des chiens, il pourrait venir sur vous. Il faut que vous puissiez le frapper. Votre rifle devient inutile, et j'en dirai autant de votre revolver.

Le combat dura bien un quart d'heure.

Au début de la mêlée, le chat avait attrapé quelques bons coups de dents, mais les chiens avaient eu leur part et leurs mufles dégouttaient de sang. Puis le chat s'était rejeté contre l'arbre, s'y adossait, repoussant toutes les attaques, à tel point que je demandai à Clark s'il ne valait pas mieux en finir par un bon coup de rifle, au lieu de laisser abîmer ses chiens.

— Non pas, non pas, ils ont commencé la danse, qu'ils la finissent. Ce sont de vieux chiens, il n'y a pas de danger de les dégoûter de la besogne.

Bientôt, d'un furieux bond de côté, l'un des molosses terrassa la bête sauvage ; ses crocs lui broyèrent la gorge et ce fut fini.

Mais si le chat n'avait pu mordre sous cette étreinte, il avait largement travaillé de ses griffes acérées et le pauvre molosse avait la peau du ventre et le poitrail singulièrement lacérés.

— En voici assez pour aujourd'hui, dis-je à Joe, laissons les chats sauvages en repos. Le soleil commence à être diablement chaud dans cette « cañada » (ravin) et il faut soigner les chiens.

— Oh! il n'en est pas besoin. Mais, comme vous dites, nous pouvons songer à rentrer. Harry va aller laver les chiens, il y a un trou d'eau non loin d'ici. Pendant ce temps, j'écorcherai notre gibier, puis nous irons chercher nos chevaux.

Cependant c'est vraiment dommage d'abandonner la partie. Nous avons eu de la chance jusqu'ici et s'il n'était un peu tard dans la journée, je vous proposerais de nous mettre en quête de quelque chevreuil. Ils sont nombreux par ici et surtout dans le haut du ravin, où il y a quelque peu d'eau. Mais nous ferions peut-être buisson creux à cette heure; les chevreuils sont remontés et quant à les poursuivre dans la montagne, il n'y faut pas songer. Ce sera pour une autre occasion, dans quelques jours, si vous voulez. Nous aurons besoin de chiens; il faut attendre que les miens soient un peu raccommodés. Les vôtres au surplus, ajouta Joe, feront bien l'affaire, tandis qu'ils auraient fait pauvre figure, convenez-en, aux prises avec les bêtes que nous venons de tuer.

Harry revint bientôt avec les molosses, dont les blessures avaient été rafraîchies par des applications d'eau glacée. Et nous reprîmes la route du rancho de Joe.

Au sortir du creek, à l'est, s'étend un très vaste chapperal, semé de quelques bouquets d'arbres.

— Voici, me dit Clark, la meilleure remise de tout le pays pour la perdrix et le lièvre. Vous en trouverez peut-être davantage ici qu'autour du vignoble de Cucomongo, où le cazadore de don Luis les détruit avec trop de conscience. Et la perdrix, sur ce plateau, est plus forte, meilleure en chair ; c'est déjà la « mountain quail » (la perdrix de montagne). Du fond de la vallée, à courir ici, pour chasser du petit gibier, c'est un peu loin, sans doute, mais venez toujours un de ces matins ; si je ne suis pas à la maison, Harry sera bien content de vous accompagner et de vous montrer les bons endroits.

Arrivés à quelque cents mètres de l'habitation de Clark, nous tombâmes sur le cadavre d'une jument sur lequel s'acharnait une bande de vautours, au plumage noir, dont j'ai su le nom en espagnol... Ils sont excessivement communs dans les contrées du Sud et se chargent, avec les coyotes, de la salubrité publique, en nettoyant avec la plus grande exactitude tous les corps d'animaux semés au travers des plaines.

— C'est une poulinière à moi, me dit Joe. Elle est morte des suites d'une morsure de serpent à sonnettes, au museau. Le cas est assez rare, car les chevaux sentent la présence de ces serpents. Mais je veux vous montrer un fait particulier et qui prouve toute l'intelligence de ces pauvres chevaux.

La poulinière a mis bas il y a quelques semaines et j'ai un produit que je serais fâché de perdre. J'étais très embarrassé pour le nourrir et je n'ai su faire mieux que d'attacher un baquet de lait contre la barrière. Eh bien, le poulain court la campagne avec une cavaillade qui l'a adopté. Mais soyez sûr et vous le pourrez voir, que vers midi et le soir, toute la cavaillade arrive à la barrière poussant dans ses rangs le jeune orphelin jusqu'au baquet de lait, et qu'elle ne reprend le large que lorsque le poulain a vidé la provision.

———

Quelques jours après cette chasse, j'allai avec le capitaine G... à San Bernardino, la dernière ville de Californie avant d'entrer dans le désert du Colorado par le passage de San Gorgonio. Les montagnes, fort élevées, forment, à peu de distance de la ville, comme un vaste cercle. Une rivière toujours torrentielle coule au fond de la vallée et la fertilise à ce point que l'on pourrait se croire transporté dans quelque herbage de la plaine de Caen.

Aussi les Mormons, avant 1849, traversant tout le territoire de l'Utah et le Nevada du Sud, avaient-ils en quelque sorte pris possession de cette riante vallée et fait de San Bernardino une ville mormone.

Encore aujourd'hui la secte y a de nombreux adhérents, comme d'ailleurs un peu partout en Californie; mais dans ce pays-ci ils ont répudié bien des rites de l'Eglise de Brigham Young, le principal surtout : celui de la pluralité des femmes.

Les émigrants qui, du Grand Lac Salé, voulaient

atteindre le sud de la Californie, suivaient la route tracée par les Mormons, pour aboutir à San Bernardino. C'était pour eux comme la terre promise, après les fatigues de la traversée de ces pays montagneux et déserts qui s'étendent entre le Lac Salé et l'Océan Pacifique.

Le grand nombre n'y parvenait pas. Il fallait passer sous les fourches caudines des Mormons aussi bien que des Indiens, qui ne se faisaient pas faute de détruire et de piller les trains d'émigrants.

La route était longue, le désert sans fin, l'eau fort rare, car à peine tous les 30 à 40 milles trouvait-on quelque misérable source, toujours dénaturée par les infiltrations alcalines. L'herbe pour les animaux n'était pas plus abondante. Bêtes et gens périssaient sur cette route maudite. Qui pourra jamais dire combien de milliers d'émigrants ont, à cette époque, laissé leurs os blanchir au milieu des sables? Et encore aujourd'hui que le pays est relativement exploré, que de nombreux camps miniers existent dans ces régions, combien d'aventuriers trop téméraires se hasardant dans ces régions desséchées par un soleil toujours ardent, y trouvent leur tombeau, et y laissent leurs corps déchiquetés par le bec du vautour ou la dent du coyote!

C'est un peu au nord de ces parages, derrière la ligne des montagnes Panamint, formant la frontière entre la Californie et le Nevada, que se passa, en l'année 1849, la plus terrible catastrophe survenue à un train d'émigrants. Ces malheureux, au nom-

bre d'une centaine environ, suivant une mauvaise direction dans leur traversée de l'Etat de Nevada, au
lieu de descendre plus au sud pour trouver le passage
sur San Bernardino, vinrent, épuisés de fatigue, mou-
rants de faim et de soif, s'échouer au-milieu de l'hiver
contre la haute barrière de montagnes du district de
Panamint. Les neiges les surprirent dans ces contrées.
Au lieu de chercher à se frayer un passage vers le
sud ou d'envoyer demander des secours de ce côté-là,
les émigrants s'acharnèrent à vouloir traverser le
rempart qu'ils avaient devant eux, et au-delà duquel
d'ailleurs ils auraient rencontré un désert tout aussi
peu miséricordieux. Tout le monde de cette expédition périt de misère, et le pays qui devint ainsi leur
tombeau a reçu dès lors le nom de « Deaths valley »
(vallée des morts).

***

Flânant dans la rue principale de San Bernardino,
je me trouvai nez à nez avec Joe Clark. Il sortait naturellement d'un « wine saloon » (débit de vins et liqueurs). Le séjour de la ville et l'abondance des bou-
tiques à whisky se voyaient distinctement sur sa phy-
sionomie.

— Allons prendre un « drink » (verre), me dit-il, il
y a là-dedans des gens que sans doute vous serez bien
aise de connaître. Ce sont des prospecteurs revenant
de l'Arizona et des montagnes au nord d'ici. Je crois
qu'ils ont quelques bonnes découvertes dans leur sac.
D'ailleurs, j'ai à vous parler. Vous m'avez dit vouloir
chasser l'ours. Je m'étais bien promis de ne pas vous

en parler ou vous le rappeler, car ce n'est pas une partie que je voudrais jamais proposer à un Européen. Il faut du nerf et beaucoup d'expérience. Celui qui s'y embarque pour la première fois a trop de mauvaises chances contre lui, et c'est assez de faire ce début lorsqu'on y est forcé. Mais je veux vous dire, sans que ce soit pour vous un encouragement, que, descendant ce matin de mon rancho, j'ai rencontré des Indiens, et ils m'ont affirmé avoir vu un magnifique grizzli rentrer dans la cañada du Dry Creek.

Il y a gros à parier que la bête a son repaire quelque part dans cette ravine, quoiqu'il n'y ait rien de plus vagabond que ces ours gris. Maintenant, j'ai envie d'aller le relancer et j'allais causer de l'affaire à quelques-uns des « boys » (gars) qui sont dans le débit. Qu'en dites-vous ?

— Ne me brûlez pas la politesse, mon cher Joe, je ne sais si je vaudrai un de vos « boys » pour cette chasse, mais le premier j'ai demandé à vous accompagner et je réclame la préférence. Et encore j'aimerais mieux que nous ne fussions qu'à nous deux pour cette chasse. La cañada du Dry Creek n'est pas d'un accès facile ; à nous trouver plusieurs chasseurs là-dedans, nous ne ferions que nous gêner mutuellement. J'aimerais n'avoir en face que l'ours, et ne pas craindre quelque balle perdue ou maladroite.

— « All right » (c'est bien), me répondit Joe. Vous retournez sans doute ce soir à Cucomongo ; dans ce cas, faites vos préparatifs. Quant à moi, je ne serai guères que demain chez moi. J'ai à faire ici. Venez me prendre après-demain au petit jour, puisque je suis sur la route du « Dry Creek ».

J'aurais voulu ramener Clark avec moi, le soir même, car je le voyais sur la pente d'un fort « spree » (orgie), mais déjà il avait absorbé trop de whisky pour que j'eusse l'espoir de le pouvoir détourner de ses projets.

Je savais qu'une ou deux fois par mois, il lui fallait ce qu'ils appellent un « jolly time », c'est-à-dire une absorption de liqueurs allant jusqu'à l'ivresse, en compagnie de solides gars de son espèce, le tout accompagné d'une bonne partie de « poker » (espèce de brelan) où il avait toutes les sérieuses chances d'être filouté.

Le lendemain soir, je vis arriver mon Joe Clark à la station de Cucomongo.

La course de 25 milles, à cheval, qu'il venait de fournir d'une traite depuis San Bernardino, ne l'avait guère rafraîchi. Il avait toujours soif, car pour retourner chez lui il avait sept milles à faire, en revenant sur ses pas de plus de la moitié de la distance. Mais il n'y avait de whisky qu'au store de Cucomongo et il ne voulait pas aller se coucher sans un « night cap » (bonnet de nuit, le dernier verre avant de gagner le lit). Je lui tins compagnie.

— Vous savez, me dit-il, demain matin, je vous attends. Je suis un peu nuageux ce soir, mais au soleil levant, il n'y paraîtra plus. Je me connais et tant que je n'en suis qu'au whisky, nous faisons bonne compagnie.

Effectivement, je le vis debout devant sa porte, lorsque, avant quatre heures du matin, je fus rendu à sa ferme. Et il devait avoir déjà savouré pas mal de chiques de tabac.

— Le déjeuner est prêt; vous voyant venir, j'ai pressé la ménagère. Mon cheval est sellé et nous allons partir aussitôt que possible.

Harry me tourmente pour que je lui permette de nous accompagner. Ce serait sa première chasse à l'ours. Cependant je le trouve encore un peu jeune pour ces parties-là. Si ce n'était que de moi... Mais la mère fait la grimace. Enfin, je ferai d'ailleurs ce que vous déciderez sous ce rapport.

— Ma foi, mon brave Joe, je crois que nous pourrions laisser l'enfant à la maison aujourd'hui. Vous aurez probablement besogne suffisante à veiller à mon inexpérience. Mais n'allez pas dire à Harry que je vous ai dissuadé de l'emmener avec nous. Il m'en voudrait trop et je suis assez égoïste pour songer à venir lui demander plus tard de m'accompagner dans d'autres chasses.

Le jeune garçon avait le cœur gros de ne pouvoir nous suivre. Je lui promis de venir le prendre au premier jour pour dénicher quelques chats sauvages, qu'il s'entendait si bien à expédier dans l'autre monde.

Accompagnés des deux gros molosses, nous eûmes bientôt franchi au galop le versant de la montagne et débouché dans le Dry Creek, que nous remontâmes aussi loin que nous pûmes, cherchant quelque endroit un peu à découvert pour y attacher nos chevaux.

— Maintenant, me dit Joe, tenez-vous autant que possible dans le lit du creek. Vous pourrez le suivre pendant plus d'un mille jusqu'au fond du ravin. Quant à moi, je connais un « trail » (sentier d'Indiens) dans la montagne. Nous ne pouvons guère nous perdre de vue. Je prends les chiens avec moi, d'ailleurs ils ne voudraient sans doute pas rester avec vous. Dès que vous les entendrez donner de la voix, arrêtez-vous et attendez mon coup de sifflet pour avancer. Et surtout ouvrez l'œil, ne vous engagez pas, ou le moins possible dans les buissons.

J'allais devant moi depuis plus d'une heure, apercevant de temps à autre la tête de Joe à travers le feuillage. Les chiens étaient parfaitement muets.

Avec grande peine j'arrivai au fond du ravin, ayant à chaque instant à sauter de rochers en rochers dans le lit du torrent qui allait diminuant sensiblement de largeur.

— Pouvez-vous monter jusqu'ici, me cria Joe, je voudrais vous faire voir quelque chose ?

Il était alors complétement à découvert dans la côte, où toute végétation était absente.

Appuyé d'une main sur son rifle, presque à genoux, je le voyais examinant le rocher.

Je fus bientôt auprès de lui.

— Voyez donc les beaux « croppings » (minerais à la surface de la terre); voici, si je ne me trompe, une superbe indication de mine d'or. Ce quartz est très riche; j'ai déjà passé par ici, mais je n'avais jamais découvert ce roc.

La colline formait un coude à quelques pas de nous, et Joe, presque sur ses mains, suivait la ligne des croppings que je m'étais arrêté à examiner, lorsque tout à coup il jette un cri, de suite étouffé.

— Nous y sommes, me dit-il à voix basse, approchez et mettez la main sur le sol, à cet endroit.

— Mais c'est tout chaud, mais voici des poils et voyez comme la terre est foulée. Quelque grosse bête a dû passer la nuit ici, c'est indubitable, lui répondis-je.

— Et c'est l'ours, soyez-en sûr, répliqua Joe. Voyez ces empreintes de l'autre côté de la foulée; il n'y a pas un quart d'heure qu'il a décampé, reprenant le chemin par lequel il est venu.

Nous reconnûmes bien les doubles empreintes; mais le versant de la montagne était trop rocailleux, le sol trop parfaitement sec, pour qu'il nous fût possible de suivre longtemps ces traces.

— D'ailleurs, dit Joe, nous sommes affreusement mal ici, pour une rencontre avec maître Grizzli; vous êtes obligé d'emboîter le pas derrière moi, nulle part le « trail » n'est plus large que dans cet endroit-ci. Je vais appeler les chiens et les mettre sur la piste. Quant à nous, descendons dans le creek, nous y serons plus à l'aise pour tirer.

A peine les chiens eurent-ils mis le nez sur les traces, qu'ils détalèrent comme des enragés en aboyant furieusement.

Nous les entendions au-dessus de nous dans la montagne, puis dans le creux du ravin et devant nous sur l'autre côte, moins abrupte et plus couverte, enfin à très petite distance, pendant fort longtemps.

Nous étions bien placés pour voir déboucher maître Grizzli, et tous deux le rifle au bras, nous attendîmes, Joe aussi calme que lorsqu'il avale un « whisky straight » (whisky pur). Quant à moi, les nerfs me démangeaient, je ne veux pas jurer que la pensée du danger ne m'impressionnait pas.

Bientôt les chiens donnèrent de la voix dans la direction que nous avions suivie en montant le ravin. Ils s'éloignaient à coup sûr dans le bas du creek.

— Ah ! diable, me dit Joe, suivons-les, rapprochons-nous de nos chevaux. S'ils aperçoivent l'ours, ils vont briser leurs longes et décamper.

Malgré les difficultés du terrain, nous prîmes le pas accéléré, et nous arrivâmes à nos montures. -

— Voyez comme elles sont inquiètes. Ou bien les aboiements des chiens les surprennent, et cependant elles y sont habituées, ou bien elles ont senti la présence du Grizzli dans les environs, ce qui est plus probable. En tous cas, attention ! et attendons quelque nouvelle indication, car je ne les entends plus hurler.

De temps à autre cependant, la voix des chiens nous parvenait, mais bien loin dans la montagne, où il n'y avait pas possibilité de les rejoindre.

Enfin Joe crut reconnaître qu'ils se rapprochaient vers l'ouverture du creek, venant contre nous. Nous avancions à leur rencontre très lentement. Clark suivait le fond du torrent, quant à moi, contre son avis, j'avais pris le pied de la côte, je pénétrais sous le couvert. Il venait de me répéter son « look out » (attention) au moment où j'entrais dans un grand fouilli d'arbres, sur un banc peu étendu que formait le creck.

J'avais le rifle tout préparé, lors bien même que je n'aurais guère pu en faire usage, car je ne voyais pas à cinq pas autour de moi, lorsqu'un bruit très violent, au pied de la côte, suivi d'un craquement de branches brisées tout près de moi, vint soudainement me prendre par surprise.

Je serrai mon arme, tout en reconnaissant combien j'étais mal placé, lorsqu'un premier, puis un second coup de feu retentirent et que j'entendis Joe m'appeler vivement hors du fourré.

En quelques bonds je fus près de lui.

— A vous, à vous, me criait-il.

Je pensais à l'ours et je ne regardais que devant moi.

— Là-haut, voyez donc, il monte, tirez vite.

J'aperçus un magnifique chevreuil que j'abattis.

— Pourquoi diable faut-il que vous ne soyiez pas resté dans le creek? Vous auriez fait coup double, car j'en ai tué deux, me dit Joe Clark. Après cela, sans chiens, si vous n'aviez pas été battre le fourré, peut-être le gibier ne se serait-il pas levé. Votre imprudence nous a bien servis. Allons chercher nos bêtes.

Le premier chevreuil gisait au pied de la côte. Quant aux deux autres, nous dûmes aller les prendre dans les broussailles et les ronces où leur chute avait été arrêtée.

— Enfin, nous n'avons pas perdu notre journée,

remarquai-je à Joe. Si, comme c'est à craindre, l'ours
a filé dans la Sierra, sans s'occuper de nos chiens,
nous avons du moins notre charge de gibier à rapporter.

— Je ne dis pas que j'aime mieux ces trois chevreuils que la carcasse du Grizzli, répondit Clark,
mais je crains fort que nous n'ayons à nous en contenter pour le présent. Je n'entends plus mes molosses;
Dieu sait où ils ont passé, pour ne pas être venus à
nos coups de fusil. Allons toujours dépouiller nos bêtes, cela nous fera prendre patience, tout en restant à
l'affût.

Le soleil sur nos têtes nous indiquait l'heure de
midi et, assis auprès de nos chevaux, nous mangeâ-
mes quelques sandwichs desséchés par la chaleur,
accompagnant ce maigre déjeuner d'une bouteille de
vin de Cucomongo que j'avais glissée dans mon car-
nier.

Peu après nous vîmes arriver nos chiens, qu'un
coup de sifflet de maître Clark avait sans doute réveil-
lés dans la montagne. En un clin d'œil, ils eurent dé-
pêché les entrailles et les têtes de nos chevreuils.

— Ma foi, dit Joe, nous n'avons plus que faire ici.
L'ours paraît aimer ces parages, mais il n'y reviendra
sans doute pas avant le milieu de la nuit. J'ai tout
lieu de croire qu'il s'est dirigé du côté du ravin de
Cucomongo, d'où il passera par la plaine pour revenir
ici. C'est une partie à recommencer, à moins que vous
ne vouliez tenter la chance d'un affût, à l'ouvert du
Dry Creek, cette nuit; mais je n'ose vous le conseil-

ler; j'avoue que je n'aime pas ce genre de chasse
dans les ténèbres.

Une heure après nous étions assis à la table de Mme
Clark, devant un repas substantiel.

A plusieurs reprises depuis, je fus chasser dans le
Dry Creek, toujours dans l'espoir d'y rencontrer maître Grizzli. Je fus même dans le haut du torrent de
Cucomongo, je parcourus les montagnes presque inac-
cessibles de ces contrées. Nous tombâmes fréquemment sur des traces, mais jamais il ne me fut donné
de trouver l'ours sur mon chemin.

Ce que j'appris dès lors, à propos de ce formidable
adversaire, me donna à penser que je ne perdis rien
à ne pas faire plus ample connaissance avec lui.

Et cependant, en d'autres temps et en d'autres contrées de la Californie, je retrouvai, oubliant les idées
de prudence, à pourchasser encore maître Grizzli, et
je n'avais plus avec moi mon brave Joe Clark, dont la
carabine, toujours sûre, était une grande garantie de
sécurité relative. Je n'eus jamais de succès en ces diverses chasses à l'ours gris.

———

Je quittai enfin Cucomongo, et non sans regrets.

Quelques mois après, je lisais dans l'*Evening Bul-
letin*, de San Francisco, la relation très émouvante
d'une rencontre entre un jeune garçon et un lion de
Californie, dans les montagnes de San Bernardino.

Il s'agissait de mon petit ami Harry. Et cette fois il
s'en fallut de bien peu que sa carrière de grand chasseur ne fût interrompue presque à son début.

Joe Clark et son fils, accompagnés de leurs gros molosses, étaient à chasser dans les parages que nous avions parcourus ensemble.

Harry battant les buissons, à quelque distance de son père, avait involontairement débusqué un lion de Californie et les chiens avaient forcé la bête à gagner un arbre.

Le jeune homme suivit; mais dans l'espoir d'obtenir une meilleure chance de tirer, il s'approcha trop de l'arbre. Au moment où il lâchait son coup de mousquet, le lion, d'un bond formidable fut sur lui et lui enfonçait ses griffes dans le corps. Mais aussi dans la même seconde, les deux molosses coiffèrent le lion de telle sorte qu'il eut à lâcher prise et à s'occuper des chiens.

Joe Clark arriva sur ces entrefaites et vit son enfant au milieu de la mêlée furieuse.

Plusieurs fois il leva son rifle, mais la crainte de frapper Harry le retint. Il songeait à attaquer le lion avec son « bowie-knife », lorsqu'enfin il eut un point de mire plus rassurant. La balle du Remington alla fracasser la tête de la bête sauvage qui roula et vint mourir sur le corps du pauvre Harry.

Celui-ci fut aussitôt dégagé. Il avait toute sa connaissance, quoique souffrant douloureusement d'une morsure à l'épaule et de nombreux coups de griffes qui lui labouraient la poitrine et les bras.

Il en fut quitte pour garder la chambre environ trois semaines. Son ardeur n'en fut pas diminuée. Il est devenu le plus intrépide chasseur de la contrée, comme je pus m'en convaincre à divers voyages que je fis dès lors à Cucomongo.

Il n'a pas eu, que je sache, occasion de se venger sur quelque autre lion ou quelque grizzli, mais sa collection de peaux de chats sauvages augmente sensiblement.

———

S'il m'en souvient bien, je fus pour la dernière fois à Cucomongo vers 1877. J'avais à examiner dans le pays une veine très considérable de graphite, se développant pendant plusieurs milles dans les ravins au-dessus du rancho de don Luis S...

Le rancho ne lui appartenait plus. Il avait vendu toute son exploitation vinicole à une société de juifs de San Francisco, et les plus belles terres cultivées de cette propriété avaient également été cédées à différents amateurs.

Don Juan C... avait quitté le rancho avec sa famille et venait d'être nommé chef de police à Los Angeles.

Tout ce pays avait changé d'aspect. La solitude n'était plus égayée, comme jadis, par les seules diligences et les chariots allant en Arizona porter des vivres dans les camps miniers, en revenant chargés de minerais, s'arrêtant toujours pour camper la nuit devant le store du maître de poste, où les voituriers aimaient à compléter leurs provisions de route.

Cette existence aux confins du désert, avec toutes ses singularités et ses allures, était chose du passé.

Don Luis S... avait été planter sa tente au pied de

la montagne, renonçant à la culture de la vigne, à laquelle il s'était adonné depuis vingt-cinq ans qu'il habitait la Californie. Le capitaine G... était allé se construire une charmante maison dans un ravin, à moitié route de San Bernardino, et se trouvait à la tête d'une exploitation moutonnière. Seuls le maître de poste et sa femme, mes Parisiens philosophes, ayant acheté le coin de terre si bien ombragé et arrosé par le creek de Cucomongo, avaient agrandi leur maison de campagne, puis construit un diminutif d'hôtel à l'usage des amis de la ville désireux d'une villégiature dans ces plaines dont le climat est à la fois chaud et réconfortant.

Désormais le chemin de fer transcontinental du Sud, passant à petite distance de Cucomongo, avait une station dans ce site et tout se transformait à la vie active.

Ce nid était tombé à son heure dans le grand courant de prospérité ; aussi adieu à tous les charmes de la solitude, à la chasse sans obstacles de parcours et de concurrence.

XXXII

UNE CAMPAGNE EN «PROSPECTEUR»

TIBURCIO VASQUEZ ET SA BANDE DE BRIGANDS
LE GRAND DÉSERT DU «MOHAVE»
LE LAC DE BORAX DU «SLATE RANGE»

En mars 1874, j'allai reconnaître dans le grand désert du «Mohave», entre les comtés d'Inyo et de San Bernardino, certains terrains boraciques couvrant tout le lit d'un ancien lac, desséché probablement à l'époque où toute cette côte du Pacifique a été si effroyablement bouleversée par des convulsions souterraines.

Je gagnai Los Angeles.

De cette ville, j'avais environ 270 milles pour atteindre le lac de borax des montagnes du « Slate range » à travers une contrée absolument inhabitée.

Faire la route à cheval, à raison de 25 à 30 milles par jour, sans savoir où trouver de l'eau, un abri pour les nuits et un repas de temps à autre, me parut chose bien aventureuse, aussi cherchai-je à Los Angeles une voiture et un guide pour me conduire dans ces pays inhospitaliers.

Je m'y décidai d'autant mieux que mon vieil ami, M. de B., s'offrit à m'accompagner.

Non sans peines je trouvai une voiture de campagne, assez vaste pour contenir nos couvertures, nos provisions de route, quelques ustensiles de cuisine et deux sacs d'orge pour les chevaux.

L'attelage de cette guimbarde se composait de deux malheureux mustangs, valant bien dix dollars chacun. Le tout appartenait à un gros garçon français, grossier comme du pain d'orge, prétendant connaître le pays que j'avais à parcourir.

Il avait de plus la prétention de savoir faire la cuisine, ayant dans le temps servi en qualité de gâte-sauces à bord d'un vapeur sur le Rhône. Cette qualité me tenta davantage que tous les autres mérites qu'il faisait valoir et je conclus le marché avec lui.

Bien approvisionnés, bien armés, car ce pays n'était alors rien moins que sûr, nous partîmes un beau matin pour gagner la mission de San Fernando, au pied des deux premières rangées de montagnes de la Sierra Madre.

Nous y fîmes notre première halte vers une heure de l'après-midi.

Installés à l'ombre des grands arbres, sur les bords d'un ruisseau, nous songeâmes à nous restaurer, en laissant passer les heures les plus chaudes du jour.

Notre cuisinier-conducteur se distingua. Ce fut d'ailleurs, pendant les trois semaines que je l'employai, la seule fois qu'il fit sa besogne convenablement.

Pendant notre « lunch », plusieurs Californiens vinrent à passer auprès de notre campement. Je les invitai à prendre du vin, du whisky ou du café noir.

— Mais, objecta M. de B..., de ce train-là, nos provisions vont disparaître trop rondement et nous avons une longue route à faire, sans chances de les pouvoir renouveler. Croyez-moi, laissez les « bleus » passer leur chemin. (Le nom de « bleus » s'applique aux Californiens-Mexicains dont le teint est par trop foncé.)

J'avais commis une bévue d'autant plus grande que ceux qui étaient ainsi venus se restaurer, eurent bientôt fait de le publier dans la contrée, et qu'indigènes sur indigènes accoururent jeter un coup-d'œil sur notre campement, dans l'espoir d'une invitation.

Je me raidis contre mes idées d'hospitalité.

Mais bientôt arrivèrent deux Californiens, bien montés, ayant par extraordinaire un aspect décent, et je me laissai aller à leur dire de prendre place.

Ils étaient connus de M. de B... et de notre cuisinier.

— C'est, me dit de B..., Francisco Vasquez, le frère de Tiburcio, et le plus grand est leur beau-frère. Tous deux habitent la « Soledad » où je fus deux ou trois ans et j'ai toujours eu de bons rapports avec eux.

La route du « San Fernando Pass » traversait le ruisseau, mais naturellement il n'y avait aucune trace de pont. Bien que nous eussions mis pied à terre, jamais nos malheureux chevaux ne seraient parvenus à sortir notre équipage sur l'autre bord du « creek », si don Francesco, ou Chico comme on l'appelait, et son beau-frère, tous deux à cheval, ne s'étaient attelés par leurs lassos et ne nous eussent remorqué hors du bourbier.

Nous nous quittâmes bons amis.

— Ma foi, me dit de B..., je suis content de la rencontre, puis de l'invitation que vous avez faite à ces gaillards. Cela nous sera probablement utile et nous servira de recommandation auprès de Tiburcio Vasquez qui, depuis un mois, tient avec sa bande tout le pays que nous allons traverser, et rançonne à qui mieux-mieux. Il a déjà arrêté plusieurs personnes dans le « Tehachepee » et du côté de « Walker's Pass ».

On ne parle pas encore de meurtres; les gens attaqués se sont laissé dépouiller, mais que Tiburcio rencontre quelque résistance, il ne lui en coûtera rien de tout massacrer.

La preuve en est dans ce que cette bande de brigands vient de faire près de « Hollister », dans le comté de Monterey.

Vous savez comme moi, qu'après avoir dévalisé le magasin sur la route, ils ont tué le commis, puis quatre personnes dans l'hôtel voisin ou dans la cour. Ce fut même un meurtre sans nécessité, car les bandits ne rencontrèrent de résistance nulle part pendant cette nuit.

Le gouverneur de l'Etat offre cinq mille dollars pour la tête de Tiburcio et d'autres primes pour l'arrestation de son lieutenant Chavez et des hommes de

la bande. Mais la chasse à ces brigands n'a pas encore
commencé dans ces parages du Sud. Jusqu'ici ils n'ont
été traqués qu'autour de Monterey et dans la plaine du
San Joaquin. Actuellement ils sont sur ce versant-ci
de la Sierra et semblent plus spécialement en train
d'exploiter la route du Cerro-Gordo. Ils ont pillé quelques fermes de ce côté-là et arrêté les diligences, dont
ils ont pris les chevaux. Aussi sont-ils admirablement
montés.

Tous les Californiens qui demeurent par ici, son
frère et ses parents, à la Soledad et dans le San Francisquito « cañon » (ravin) que nous allons traverser
demain, sont autant d'espions empressés à faire connaître à Tiburcio ce qui se passe du côté de Los Angeles et qui l'avertissent du passage des gens qui ont
à faire par delà les montagnes. Tenez, je suis persuadé que notre arrivée va leur être signalée par
quelque émissaire, mais probablement notre amabi-
lité envers Chico et son beau-frère nous servira de
laisser-passer. D'ailleurs, je n'ai pas grandes craintes
de Tiburcio personnellement ; je le connais bien, à
telles enseignes qu'il m'a encore joué un bon tour, il y
a deux ans. Figurez-vous qu'il me devait quelques
centaines de dollars et un jour que je lui réclamais
cette somme plus énergiquement, il me remit une lettre de change de cent livres sterling sur Londres.
Mais dans ma naïveté, je ne fis pas attention que cette
traite était « une seconde » (un duplicata), ce que le
banquier de San Francisco auquel je l'adressai, me fit

observer, en ajoutant que la « première » avait été duement payée à Londres.

Puis, jusqu'ici, Tiburcio et sa bande n'ont attaqué
que des Américains. Il y a, paraît-il, quelque ven-
geance là-dessous. La famille de Vasquez a été dans
le temps, lorsqu'elle habitait le comté de Monterey,
dépouillée de ses propriétés par des avocats yankees.
Aujourd'hui elle en est réduite à quelques mauvaises
terres et à une bicoque à la Soledad. Tiburcio, qui
d'ailleurs est un garçon assez bien, a toujours porté
une haine amère aux Américains en général. Il se
souvient sans doute de ses rixes avec eux, à Monterey, dans les « fandangos », des coups qu'il a reçus et
des nombreux jours de prison auxquels il a été condamné.

Alléchés par les fortes récompenses offertes pour la
prise de ces bandits, les shériffs des comtés de Santa
Clara, de Monterey et surtout le terrible Harry Morse,
d'Alameda, la frayeur des « desesperadoes » mexicains
et des voleurs de chevaux, se sont déjà mis en campagne. Ceux de San Joaquin aussi, probablement, et
Rowland, le sheriff de Los Angeles, que vous connaissez, va sans doute se joindre à la poursuite. Mais
croyez bien qu'ils n'arrêteront pas facilement les détrousseurs de grand chemin. S'ils sont traqués de
trop près, ils passeront au Mexique, dans la Sonora,
où les Américains ne pourront les relancer.

Si l'on prend Tiburcio Vasquez, ce sera par surprise, dans quelque guet-apens. Il est jeune, assez
bien fait de sa personne, il aime les femmes. Je serais

bien étonné que, tôt ou tard, il ne se laissât pas prendre par trahison dans quelque traquenard amoureux, et pris, il n'a plus que la corde à attendre. Il ne l'aura certes pas volée.

A quelques milles au-delà de la mission de San Fernando, nous atteignîmes le pied du « San Fernando Pass ». C'est le seul passage qui existe, à une grande distance, pour traverser la chaîne de montagnes, en dehors de la cañada de la Soledad, que nous pouvions indifféremment prendre pour gagner le désert du Mohave.

Il y a naturellement à payer un péage pour avoir le droit de traverser ce col de San Fernando, où la route sur les deux versants est si rapide, que non seulement nous eûmes à mettre pied à terre, mais encore à aider les chevaux, en poussant notre voiture à la montée.

A la tombée de la nuit, nous étions devant la station de « Lyons » ou « Pétroliopolis », ainsi nommée en l'honneur de quelques sources d'huile de pétrole que l'on prétend avoir découvertes aux environs et que ce besoin d'exagération, si cher aux Américains, a de suite voulu comparer aux riches sources exploitées en Pensylvanie.

On a fait venir de l'Est des gens du métier; la terre a été perforée un peu partout, mais je ne vois pas que l'on soit arrivé à recueillir assez d'huile pour alimenter la fabrique ou raffinerie qu'une Compagnie a bâtie, bien avant d'ailleurs qu'elle se fût assurée s'il y avait assez de matières premières à travailler.

Dès lors, mais dans ces derniers temps surtout, il y

a eu toute une fièvre, tout un excitement dans ces régions de San Fernando, à propos de nouvelles découvertes d'huile de pétrole. De nombreux puits sont en cours de forage à des profondeurs de 7 à 900 pieds, dans l'espérance de toucher à la nappe d'huile qui doit exister, au dire des experts. De nombreuses Compagnies ont été organisées pour l'exploitation de ces puits; des fabriques ou épurations sont en construction autour de Pétroliopolis et même dans la chaîne de montagnes courant au nord-ouest jusqu'à San Beneventura, où depuis des années on a rencontré de nombreux suintements d'huile de pétrole d'une qualité bien inférieure à celle que la Pensylvanie fournit. Reste à savoir si jamais le rendement de ces puits sera assez considérable pour alimenter cette nouvelle industrie sur la côte du Pacifique, et répondre aux besoins de la consommation du pétrole sur cette côte.

J'oserais en douter par ce que j'ai vu de l'exploitation à Pétroliopolis, et au surplus les frais d'extraction, puis de raffinage de l'huile, et la cherté des transports dans ces régions ne permettront pas de produire des pétroles de Californie à San Francisco, à des prix aussi réduits que ceux auxquels se vendent les huiles de l'Est.

Le lendemain de bonne heure, nous étions en route. Nous avions trente-cinq milles à parcourir de la station de Pétroliopolis pour gagner le lac Elisabeth, en traversant le «San Francisquito cañon», passage qui à lui seul devait bien nous prendre sept à huit heures.

Jusqu'au moment de ce défilé, c'est une charmante

promenade de dix lieues, au travers d'une belle vallée à moitié cultivée et couverte de troupeaux, vallée
qui insensiblement se resserre et aboutit à un ravin
au fond duquel coule un ruisseau, que la route coupe
en vingt endroits. Ce ravin est très étroit et sinueux;
les montagnes sont parfois si rapprochées qu'à peine
livrent-elles un passage à la route. Puis l'on entre dans
un bassin plus large, où quelques champs d'orge et
de maïs entourent la maisonnette d'un Californien.
Partout des arbres : des sycomores, des chênes magnifiques, des lauriers.

C'est un des plus jolis, des plus gracieux paysages
que j'aie rencontrés en Californie.

Nous fîmes choix d'une de ces retraites bien om-
breuses, auprès d'un ruisseau aux eaux parfaitement
limpides, pour déjeuner et laisser souffler nos chevaux pendant une heure ou deux, leur laissant toute
liberté d'aller chercher leur pâture dans le vallon.

Vers le soir, presque au haut de la montagne que
j'avais gravie à pied, comme j'étais à tirer quelques
perdrix, je m'entendis héler.

Je regagnai la voiture arrêtée sur la route.

— Ma foi, nous voilà mal pris, me cria de B..., un
de nos chevaux est malade et refuse d'avancer. Voyez,
il tremble comme une feuille.

Notre conducteur-cuisinier demandait que nous
fissions halte sur place pour y passer la nuit, prétendant que pousser plus loin, serait faire crever son
cheval indubitablement.

— S'il crève, ce ne sera pas une grande perte, en

tout cas; et vous ne supposez pas que nous n'allons pas gagner le lac Elisabeth ce soir, malgré tout. Voyons à arriver au sommet, nous y touchons presque.

A force d'insinuations puissantes ou énergiques appliquées sur le cuir du mustang, nous y parvînmes.

A nos pieds, vers le nord-est, s'étendait la lagune d'Elisabeth, qu'ils veulent bien appeler un lac, et au-delà le désert aussi loin que la vue peut atteindre.

Il était à peu près nuit, lorsque, avec beaucoup de tracas, nous fûmes à cent mètres du lac Elisabeth, chez un Canadien habitant une cabane en planches, assez grande pour contenir un lit.

L'industrie principale du bonhomme consistait à vendre du « whisky ». Ses clients devaient être singulièrement rares, car sa buvette était en dehors de la route, et je crois que le Canadien buvait son fonds à lui seul, du moins était-il passablement ému lorsque nous frappâmes à sa porte.

— Vous avez un cheval malade, dit-il, en aidant à dételer. Il est raide dans son arrière-train; bien sûr il a le torticolis.

— Le torticolis! m'écriai-je en riant, où diable cela va-t-il se loger chez un cheval?

— Vous vous moquez de moi, Monsieur, me répondit, furieux, mon Canadien. Je dis torticolis, parce qu'il a le torticolis bien sûr; je m'y connais. Et vous savez, Monsieur, je vaux mon homme.

— Qui vous a dit le contraire? mon brave. Vous prétendez que la bête a le torticolis, cela m'est au surplus parfaitement égal. Mais vous qui valez votre homme, valez-vous un vétérinaire au moins ?

Il parut se calmer. Je suppose qu'il n'avait encore qu'une demi-dose de whisky. Et, rentrant dans sa cabine, il revient bientôt avec un œuf de poule et sa poire à poudre.

— Monsieur, votre cheval crèvera d'ici à une demi-heure ou il en reviendra et je le sauverai.

— Bon, c'est un peu comme aurait parlé feu M. de la Palisse. Allez donc de l'avant, vétérinaire.

Le Canadien enleva à peu près la moitié de l'œuf, le remplit de poudre à fusil, et enfonça la décoction à plein bras dans le gosier du cheval.

— Là, maintenant, continua-t-il, s'il y avait une écurie bien chaude, cela vaudrait mieux ; mais je n'en ai pas et je ne puis faire entrer l'animal dans ma cabane. Il faut le bien couvrir avec deux couvertures, il passera la nuit près d'ici. Il ne fait pas de vent, mais il gèlera à blanc demain matin. Si le cheval n'est pas mort, vous pourrez sûrement l'atteler pour continuer votre route.

S'il n'y avait pas d'écurie pour nos mustangs, il n'y avait pas davantage de logis pour nous.

Nous allumâmes un bon feu à l'abri de la cabane du Canadien et notre cuisinier nous prépara un souper, avec café noir et cognac, dont notre habitant de la Petite-France se régala longuement.

Hargneux comme un âne rouge, à notre arrivée, il était devenu gai et jovial, tout content de parler son jargon français, que parfois nous avions quelque peine à suivre, et avec lui, comme avec nombre de ses compatriotes, j'aurais préféré causer en anglais.

Il voulut absolument nous faire partager sa cambuse, voire son lit ; le cuisinier même n'osa affronter les effluves de cet intérieur.

Et, couchés dans nos couvertures sur la terre sablonneuse, nous partîmes bientôt.pour le royaume des rêves.

A l'aurore, notre feu était à peu près éteint. Le froid mordait si vivement que nous fûmes promptement debout.

Pendant que notre cuisinier préparait le déjeuner, le Canadien alla chercher les chevaux qui étaient descendus à un courant d'eau, à quelques cents mètres de notre campement.

Le « torticolisé » de la veille, à peu près remis, ne faisait pas trop d'objections pour manœuvrer son arrière-train. Nous jugeâmes toutefois que la guérison avait été trop prompte pour que nous pussions, sans crainte de rechute, nous aventurer dans le désert avec notre convalescent.

Le Canadien possédait un cheval. Je lui fis la proposition de nous le prêter pour continuer notre voyage, tandis que nous lui laisserions le nôtre, lequel peut-être pourrait encore réclamer ses soins intelligents.

Quelques dollars au bout de la proposition la lui firent accepter avec empressement.

Vers midi, après avoir autant que possible, afin d'éviter les sables, suivi le pied des collines qui viennent mourir en face du « Tehachepee Pass » conduisant dans la vallée du San Joaquin, nous étions à « Willows Springs », à vingt-deux milles de notre halte de la nuit précédente.

C'était la première eau potable que nous rencontrions. Nous nous y arrêtâmes, car le plus prochain ruisseau se trouvait à dix-huit milles de là, et encore n'étions-nous pas fixés si le dit ruisseau était ou non à sec.

Ces dix-huit milles jusqu'à « Fork of the roads », où la route du Tehachepee vient tomber dans le désert du Mohave, forment la partie du chemin la plus abominable que j'aie encore parcourue.

Ce pays est un grand banc de sables mouvants. Les roues de notre voiture y enfonçaient profondément, nos malheureux chevaux n'en pouvaient plus et nous dûmes cheminer à pied sous le grand soleil.

La plaine est couverte de cactus, de palmiers sauvages, poussant au milieu de cette nature désolée; des « bunch grass » croissent à travers le sable et sont la seule nourriture des grands troupeaux de bœufs qu'à première vue l'on est bien étonné de rencontrer vivant dans ce désert.

A tout instant, quelque bande d'antilopes apparaît courant sous les palmiers et s'arrête curieuse de voir la solitude ainsi troublée par des hommes.

J'avais inutilement cherché à tuer quelqu'une de ces gracieuses bêtes, mais toujours elles fuyaient à des distances impossibles.

— Puisque vous ne pouvez arriver aux antilopes,

Monsieur, me cria le cuisinier, je crois que vous n'y perdrez rien en tuant un petit bœuf. De la viande fraîche ne ferait pas mal dans nos provisions.

— J'en conviens ; mais je ne vais pas, je suppose, prendre ce qui ne m'appartient pas.

— Oh ! ne vous gênez pas tant, Monsieur, la bête que vous tuerez n'a pas encore de maître très probablement. Le « rodeo » n'est pas fait, le jeune bétail n'est pas marqué. Et après tout, ce n'est qu'un petit bœuf et tenez, en voilà un superbe derrière ces cactus.

Ma foi, je me laissai tenter. Une balle fit l'affaire. Je me dis à part moi que, si je rencontrais l'un des propriétaires, je lui offrirais la valeur de son animal.

Notre Lyonnais-cuisinier eût bientôt fait de dépecer mon gibier. Il ne prit d'ailleurs que les meilleurs morceaux, laissant belle part aux corbeaux, aux vautours et aux bandes de coyotes qui pullulent dans la plaine.

La nuit était venue, le froid se faisait sentir vivement, que nous cherchions encore le bienheureux ruisseau au bord duquel nous devions camper. Mais tout se ressemblait dans le désert de sable et de buissons rabougris.

Enfin, vers neuf heures, nous aperçûmes un feu devant nous.

— Nous aurons des voisins de campement, dit le cuisinier. Pourvu qu'ils aient des figures chrétiennes.

C'étaient des Mexicains, marchands d'oranges et de provisions, retournant de Lone Pine à Los Angeles.

Ils nous offrirent très poliment place à leur feu. Arrivés avant la nuit, ils avaient pu faire une bonne provision de combustible, ce qui permit d'entretenir le feu toute la nuit. Il est vrai qu'au premier moment libre, j'avais envoyé le cuisinier couper des brousses le long du creek, ce qui lui avait souri très médiocrement. Un bon brasier bien entretenu fut de quelque soulagement, car dans ces contrées, autant la température est étouffante pendant le jour, autant elle devient glaciale après le coucher du soleil, alors que la brise se lève. Mais aussi l'air est absolument sec, aucune rosée ne se voit le matin, toute humidité est absente, ce qui rend ces nuits passées à la belle étoile, sinon supportables, du moins sans dangers de rhumes et autres malaises. Le vrai désagrément est dans le vent et les nuées de sable qu'il soulève.

Nous nous remîmes en route de bonne heure, désirant gagner la station de « Coyotes Hole » au débouché du Walker Pass.

Devant nous, le désert coupé par un cercle de hautes montagnes continuait au sud-est à s'étendre jusqu'à l'horizon.

Au fond de ce cirque de montagnes arides et très escarpées, et à leur base immédiate, est situé le « Desert lake », ancien lac desséché ayant vingt milles environ de tour.

Toute cette surface miroitait au soleil, car elle se compose d'une croûte de soda et de borate de chaux que je me promis d'aller examiner au retour.

Nous avions à traverser cette chaîne de montagnes

pour atteindre au plateau supérieur et nous nous engageâmes dans le « Red rock cañon », ravin au fond rocailleux, encaissé entre deux parois de rochers ou plutôt de roche calcaire, tantôt d'un rouge de brique, tantôt jaune clair. Un petit ruisseau coule dans le ravin. Je goûtai l'eau ; elle n'était pas potable, ayant couru dans l'alcali pendant une longue distance, ainsi que nous le pouvions d'ailleurs reconnaître, car les bords de ce courant d'eau étaient recouverts d'une couche saline.

Nos chevaux montraient de la fatigue ; il était entre une et deux heures de l'après-midi et nous n'avions pas derrière nous la moitié de notre étape.

Nous poussâmes cependant plus loin. A quelques milles dans le haut du « cañon », nous aperçûmes une maisonnette en planches, de la dimension de celle de notre Canadien du lac Elisabeth, penchée sur un banc de sable miné par les eaux et adossée contre la colline.

— Allons, bon, fîmes-nous, le sauvage qui a planté sa tente dans ce pays de désolation, doit au moins l'avoir placée auprès d'une source.

Le sauvage en question était un jeune Allemand, très civilisé et très aimable garçon.

Il mit sa cabane à notre disposition, nous indiqua la source que nous cherchions et autour de laquelle croissait quelque verdure. De longtemps nos chevaux n'avaient eu si bonne aubaine.

— Un peu de lard et des pommes de terre, voilà tout ce que je puis vous offrir, avec du whisky, nous dit maître Charles Seibert. Je suis à court et compte aller demain au Tehachepee refaire mes provisions.

— En ce cas, lui répondis-je, nous sommes mieux montés, même en viande fraîche, et nous pourrons faire un repas substantiel, auquel vous nous ferez le plaisir de vous joindre. Pas de compliments surtout.

Avec quelques bouts de planches et des caisses vides, une table fut bientôt confectionnée et notre cuisinier put déployer ses talents.

— Quelle singulière idée vous avez eue de vous implanter dans ce cañon! demandai-je à Seibert. Il doit y avoir bien peu de passage, car depuis trois jours nous n'avons rencontré que de rares voyageurs sur cette route.

— Vous avez parfaitement raison, aussi jusqu'ici j'en suis pour mes frais. Je me suis installé ici en vue des mines du Panamint que l'on vient de découvrir et qui doivent attirer bientôt, je l'espère, beaucoup de monde. Or, ici, j'ai la seule bonne eau de vingt milles à la ronde et pour se rendre à Panamint il n'y a guère que la route du « Red Rock cañon », à moins de passer par le fond du « Desert lake », mais le sentier est très mauvais, à peine peut-on y cheminer à cheval et dans toute la région supérieure autour du « Pilot Peak » il n'y a pas d'eau et partant pas une maison.

Cependant, si d'ici à deux mois mes affaires ne sont pas plus brillantes, je pense aller à Panamint même. J'y transporterai ma cabane et j'y établirai un « whisky shop » (boutique à whisky, buvette), c'est encore ce qui paie toujours le mieux dans un nouveau camp minier.

— Avez-vous entendu parler de Vasquez dans le pays? demanda de B... On prétend qu'il est du côté de Tehachepee.

— Vasquez! mais il était ici il y a quelques jours, avec deux autres Californiens. Il m'a demandé du whisky et quelque chose à manger. Je lui ai donné ce que je vous ai offert à vous-mêmes.

Lorsque j'ai su à qui j'avais affaire, car ils ne se cachent guères, j'ai pensé que j'en étais pour mes provisions, mais avant de partir, Vasquez m'a payé pour lui et ses hommes. Il devait venir d'au-delà du « Bocon ranch » qui est sur la route de la Soledad, et il est remonté par le ravin du « Red Rock ».

Je dis à Seibert que nous comptions nous rendre le soir même à « Coyotes Hole ».

— Mais mes chevaux n'en peuvent plus, cria le cuisinier.

— Restez plutôt cette nuit ici, m'offrit Seibert. Pour gagner Coyotes Hole, vous avez environ vingt milles, dont six milles dans le ravin, très mauvais dans ce moment-ci, car les pluies ont lavé les sables sur la route et l'ont rendue très pénible pour les chevaux. Voici quatre heures, vous ne seriez pas en dehors du cañon avant sept, et vous ne pouvez songer à camper; d'ici à Coyotes Hole, le terrain est aussi sec que ce plancher.

Nous nous rendîmes à ses observations.

Le soir, tard, nous vîmes arriver un Mexicain ou Espagnol, comme il le prétendait.

Il revenait de Panamint à cheval et nous entretint de la richesse de quelques mines déjà découvertes dans ces régions. Il nous montra même quelques spécimens de minerais de belle apparence.

A notre information que nous allions nous-mêmes fort près de Panamint :

— Je ne puis vous conseiller de vous risquer dans ces montagnes en ce moment; il y a encore beaucoup de neige et vous ne trouverez absolument aucun refuge, nous assura l'Espagnol. Dans deux mois d'ici, ce voyage pourra vous être profitable; actuellement, nous autres mineurs, nous vivons là-haut comme des marmottes.

On ne peut travailler, le froid est intense et pour tout abri nous avons des trous que nous avons creusés dans la montagne.

Je demeure à Los Angeles où je me rends de ce pas. A votre retour, venez me voir. Mon associé a apporté toute une caisse de minerais de diverses mines, que nous avons « réclamées » autour de Panamint et vraiment il y a de belles indications dans ce nouveau district.

J'eus plus tard occasion de rencontrer le susdit Mexicain. Il me remit des échantillons de minerais de nickel, d'une mine dans le « Wild rose cañon », près de Panamint. Et c'est la seule mine de ce métal que je connaisse en Californie. J'ignore si jamais elle a été exploitée, lors même que le Mexicain m'eût donné un intérêt dans cette affaire.

A quelque distance au-dessus de l'habitation de notre ami Seibert, les deux murailles calcaires encaissent le ravin très-étroitement. Elles offrent une configuration des plus singulières. Dans un temps fort reculé sans doute, le roc a été miné par les eaux qui couvraient le plateau supérieur et se sont frayé un passage dans ce ravin profond.

Pendant deux milles, ces murailles ont absolument la forme de tours gothiques. Ici c'est un donjon relié par des tours crénelées, un peu plus loin comme le corps d'un château ou d'une forteresse. Puis vous avez la reproduction d'une cathédrale du bon vieux temps, avec ses enjolivements d'architecture, le tout comme découpé, ciselé, dans une roche calcaire tantôt jaune, tantôt rouge, du plus joli effet. Là ressemblance était parfois si étrange, que je m'arrêtais à détailler cette œuvre de la nature et à y retrouver ces magnifiques fantaisies que l'architecture du moyen-âge nous a léguées.

En dehors du ravin, nous retombâmes dans le désert. Encore une immense plaine qui, du plateau des montagnes du Tehachepee, va en pente douce mourir à la chaîne du « Slate range ».

A l'horizon, le ravin qui forme le « Walkers Pass », à notre droite, avec deux énormes rochers plantés solitairement sur le versant de la colline ; à notre gauche, le « Pic du Pilote » et dans le fond les hauts sommets du district de Panamint profilent leurs crêtes à quelque neuf ou dix mille pieds au-dessus du niveau de la mer.

Vers midi, nous étions en face des deux roches, à un mille de « Coyotes Hole ». Dans ces deux pyramides de granit nous apercevions des renfoncements, des espèces de cavernes.

— Voilà des retraites qui ont dû convenir à Tiburcio Vasquez et à sa bande, me dit M. de B...

Il ne croyait pas si bien deviner.

Un instant après, nous descendions dans le ravin, large d'une vingtaine de mètres, qu'on appelle « Coyotes Hole » ou le trou des coyotes, et où la diligence traversant le Walkers Pass vient relayer.

Dans le fond de ce vallon apparaît une construction en bois et un peu plus loin les écuries du « stage ».

Billy Raymond, un grand Américain d'assez bonne tournure, nous conduisit dans la station.

Au milieu du « bar-room » (buvette), qui est toujours la salle principale dans ces espèces d'auberges, sur un lit de camp, était couché un bonhomme d'une cinquantaine d'années.

— Qu'a donc ce particulier-là? demandai-je à Raymond.

— Comment, vous ne savez pas? Mais nous avons été surpris hier par Vasquez et ses bandits. Le bonhomme que vous voyez a reçu une balle qui lui a traversé le haut de la cuisse. Mais aussi c'est sa faute.

— Ma faute, ma faute, grommela le blessé, cela n'est pas gentil à dire. Si les « boys » (les gars) qui étaient ici hier avaient fait quelque résistance, nous eussions bien démoli Vasquez et ses compagnons. En tous cas, ils ne seraient pas descendus à la station. Mais tout le monde ici semblait avoir perdu la tête.

—'Oh! quant à cela, vous l'aviez perdue avant d'apercevoir Vasquez, répliqua Billy. Si vous n'aviez pas eu trop de whisky dans le corps, vous n'auriez pas fait tant le vantard, sans doute. Vous seriez venu vous coucher auprès de nous sur la colline et Vasquez vous aurait laissé tranquille.

— Voyez donc, ajouta Raymond, comme ils ont criblé ma maison; vous trouverez plus de vingt trous de balles dans le toit et sur les côtés de la baraque.

— Mais, enfin, comment tout cela s'est-il passé? demandâmes-nous.

— Hier, dans l'après-midi, nous répondit le maître de la station, un peu avant l'arrivée de la diligence de Lone Pine, qui change de chevaux ici, j'étais allé de l'autre côté du ravin, là-haut, à cent pas, pour voir si mon bétail ne s'était pas trop écarté, lorsque j'aperçus, venant sur moi à fond de train, un cavalier suivi à un quart de mille par deux autres individus également montés.

Il s'arrêta devant moi, le revolver à la main et m'ordonna de lever les bras. Je n'étais pas armé et j'obéis. Les deux compagnons arrivèrent et me firent coucher la face contre terre. Il y avait alors à la station, outre ma femme, le domestique d'écurie de la diligence et plusieurs hommes, entre autres le vieux qui a été blessé.

Vasquez et ses bandits, le rifle en mains, ordonnèrent aux individus qui se trouvaient dans la maison ou autour, de sortir et de venir sur la côte où nous nous trouvions.

Quoiqu'ils eussent des armes, tous obéirent et ils furent, comme moi, placés la face à terre.

Ma femme ne bougea pas, mais le bonhomme sortit et commença à gesticuler. Vasquez lui ordonna de monter sur le plateau. Il ne voulut pas et rentra dans la maison. C'est alors qu'ils ont commencé la fusillade.

Le bonhomme sortait un peu calmé, lorsqu'un des bandits lui envoya une balle.

Quant à Vasquez, il laissa ses compagnons veiller sur nous et il descendit à la station.

J'avais préparé un sac de treize cents dollars, que je voulais envoyer par la diligence à Bakersfield. Il faut que Vasquez en ait été informé, car de suite il demanda à ma femme de lui livrer l'argent.

Mme Raymond essaya de lui donner une cinquantaine de dollars qui se trouvaient dans la caisse du .. « bar-room ».

— Non, non, dit Vasquez, tout en mettant la main sur cette petite somme, il me faut le sac que Raymond veut expédier.

Et force fut de le livrer.

Il prit également la montre de ma femme et la mienne, qui se trouvaient dans le cabinet à côté de la buvette. Puis, demandant une bouteille de whisky, il s'en alla tranquillement nous rejoindre là-haut.

— Maintenant, me dit-il, vous et vos hommes, vous

allez rester ici jusqu'à ce que nous ayions disparu. Si vous bougez, je ne vous ménagerai pas.

Et les bandits piquèrent des deux dans la direction de la montagne.

Deux heures après, le stage est arrivé pour le Walkers Pass. J'espère que Vasquez ne l'aura pas attaqué; il avait fait une assez bonne moisson chez moi.

— Mais où supposez-vous qu'il se tient avec sa bande ?

— C'est difficile à préciser, nous répondit Raymond. Il doit être pourchassé vivement de l'autre côté de la Sierra et je penserais plutôt qu'il est sur ce versant. En tous cas, il a été bien certainement plusieurs jours dans ces rochers auprès desquels vous avez passé, car nous y sommes allés ce matin et nous y avons trouvé quantité de boîtes de sardines vides, des « crakers » (biscuits secs) et près d'un quart de sac de farine.

Ce dont je suis le plus ennuyé, continua Billy, c'est d'avoir perdu ces 1300 dollars par ma négligence. Depuis huit jours cet argent était chez moi et j'aurais dû l'expédier à Bakersfield.

Dans un pays comme celui-ci, il est imprudent d'avoir des fonds chez soi. Il y a trop de « prospecteurs ».

Nous avions manqué d'un jour de nous trouver dans la bagarre et nous nous en félicitions en somme, en ce sens, que, bien armés comme nous l'étions, peut-être eussions-nous trouvé un peu dure l'obligation de nous asseoir sur le ventre auprès de Raymond et de ses gens.

Tiburcio Vasquez continua à tenir la campagne et à

commettre d'autres méfaits, voire un ou deux meurtres. Il poursuivit même un de mes amis, superintendant de mines dans le Cerro Gordo, et se rendant à
son poste la poche bien garnie. Mais l'ingénieur,
après avoir essuyé pas mal de coups de feu, et d'ailleurs mieux monté que Vasquez, parvint à lui échapper.

Enfin, vivement pourchassé, ce dernier se vit obligé
à passer en Arizona et de là au Mexique, dit-on. Ses
compagnons le suivirent; mais six mois après, ils
étaient tous de retour dans le sud de la Californie. Ils
pillèrent quelques fermes dans les environs mêmes de
Los Angeles.

La chasse aux bandits recommença.

Un jour le shériff de Los Angeles fut informé que
Vasquez devait venir dans le ravin de San Frances-
quito, chez un Grec, nommé Georges, habitant une
masure entourée de quelques bribes de champs. Un
rendez-vous amoureux avec la fille du petit fermier
était, paraît-il, sous roche.

Rowland, le shériff, avec ses hommes, cerna Vasquez dans la masure et le bandit fut fait prisonnier
sans avoir pu entamer quelque résistance.

Amené à Monterey, puis à San José, à cinquante
milles de San Francisco, Vasquez passa en jugement.
Malgré tous les efforts de la population californienne
(indigène), soit par menaces, soit par corruption, Tiburcio fut condamné à mort et pendu peu de temps
après.

Son lieutenant Chavez et le reste de la bande

purent s'échapper. Ils continuèrent leurs exploits pendant quelque temps, mais, énergiquement pourchassés, ils se virent réduits de nouveau à quitter la Californie. Une récompense très forte était promise à ceux qui les livreraient morts ou vifs.

Cela n'était pas tombé dans l'oreille d'un sourd. Quelques aventuriers de l'Arizona s'occupèrent à gagner cette récompense. Autant ce métier qu'un autre.

Peu de mois après, on apprit que Chavez avait été tué. Celui qui l'occit lui coupa la tête, qu'il apporta à San Francisco. Mais la spéculation ne réussit pas; car je ne sache pas qu'il ait touché la prime offerte. Il a promené cette tête pendant quelque temps; s'il l'a «exhibée», sans doute en aura-t-il tiré quelque argent.

———

Quittant Coyotes Hole, nous allâmes coucher à «Indian Wells» (sources des Indiens), station tenue par un Français doublé d'un Irlandais, à la bifurcation des routes pour le Cerro Gordo et pour le «Slate range» et Panamint au Nord-Est.

Nous pensions gagner le lac de Borax le lendemain soir, la distance que l'on nous indiquait n'étant que de trente-cinq milles.

Mais nos chevaux ne pouvaient être poussés sur cette route traversant le désert dans son plus mauvais endroit. Puis il fallait passer les premiers contreforts des montagnes du «Slate range» au milieu de roches éboulées.

La nuit vint nous surprendre que nous n'étions

qu'aux deux tiers de notre voyage, dans un ravin sablonneux n'offrant nulle part une goutte d'eau. Nous en avions heureusement pris un petit baril d'une trentaine de litres avant de quitter Indian Wells, et nos chevaux, pendant la journée, avaient pu boire à un puits d'eau saumâtre.

Quelques brousses aux racines très fortes, dures, et contenant de l'huile ou de la résine, nous procurèrent un bon feu. Notre souper nous occupa une heure ou deux et, enroulés dans nos couvertures, nous attendîmes le retour du soleil.

Au sortir du ravin, nous aperçûmes le lac de Borax. Ce lac couvre un espace de quinze à vingt milles de long, sur cinq à huit milles de large, et occupe tout le fond d'une vallée entourée de hautes montagnes pelées et rocheuses.

Nulle part une flaque d'eau, un indice de végétation. Toute cette surface ressemble à une plaine couverte de neige. Dans quelques endroits, cette couche blanche miroitant au soleil avait un reflet bleuâtre. Les pluies venaient de finir, les eaux de la montagne s'étaient infiltrées sous la croûte de soude. Nous dûmes nous estimer heureux de n'avoir pas continué notre route la nuit précédente dans ces parages, car nous avions de grands soins à observer afin d'éviter quantité d'endroits marécageux ; le chemin pour se rendre au fond du vallon où sont situés les bâtiments d'exploitation des frères Searl, traverse tout ce lac.

Quand je dis bâtiments d'exploitation, j'anticipe sur le temps, car à cette époque, mes amis Searl n'avaient encore sur cette espèce de marais qu'une petite maisonnette en planches, dans laquelle ils logeaient fort à l'étroit, tandis qu'une demi-douzaine de Chinois qu'ils employaient, s'abritaient sous une espèce de construction en terre glaise, haute de quatre pieds au-dessus du sol.

MM. Searl ont les premiers découvert ce lac de Borax. Après l'avoir exploré en tous sens, ils ont fait choix d'une étendue d'environ 700 acres dans la partie où se trouvent les plus riches dépôts de borate de soude. Mais, pour parvenir à ces dépôts, ils durent commencer par construire une route dans ces terrains mouvants du lac, travail fort long et coûteux.

Après eux, beaucoup d'autres personnes ont établi leurs droits à des locations sur ce lac, et même par delà les rives.

Une Compagnie, formée à Los Angeles, a commencé à travailler ces borates de soude, mais elle a bientôt abandonné la partie. Et aujourd'hui, comme en 1874, les frères Searl sont seuls restés à exploiter ce lac.

D'ailleurs, en ces dernières années, cette fureur de fabrication du borax en Californie a grandement diminué. En 1873, l'article se vendait à raison de 500 dollars la tonne ; dès lors ce prix est tombé à 180 dollars.

Il en a été pour le borax ce qu'il en est pour bien d'autres produits de ces pays-là : exagération de la production.

A l'époque de la première exploitation de ces borates de soude et des borates de chaux, les personnes

même engagées dans ces affaires ont prétendu, et
les journaux naturellement l'ont répété à l'envi, que
la Californie et le Nevada pouvaient produire de 1000
à 1500 tonnes de borax par mois, comme les experts
des mines du Comstock assuraient que le produit de
ces mines d'argent serait de trois à quatre fois plus
considérable qu'il ne l'a jamais été en réalité.

Or, la consommation du borax dans tout le monde
ne peut guères s'évaluer à plus de 8 à 10,000 tonnes
par an.

Les Anglais, qui sont les maitres du marché du borax, s'ils n'ont pas pris peur à l'annonce d'une production aussi énorme, ont tout au moins abaissé la valeur
marchande de l'article des deux tiers, prévoyant bien
que, si leurs bénéfices allaient être fortement réduits,
ils arriveraient par là même à empêcher une exploitation démesurée des « deposits » existants sur la côte
du Pacifique.

Leurs prévisions ont été pleinement justifiées, car
aujourd'hui, malgré une certaine reprise dans la valeur, la Californie et le Nevada ne produisent guères
au-delà de cent tonnes de borax par mois.

Les frères Searl et leur associé, un géant de l'Etat
du Maine, nous accueillirent fort aimablement.

Par exemple, leur installation ne leur permettait
guères de nous offrir quoi que ce fût de confortable,
voire même le plus modeste lit; aussi eûmes-nous à
nous arranger pour la nuit, à cinq personnes dans une
misérable chambrette servant de salle à manger et de
magasin aux provisions. Et le matin, nous devions

faire notre toilette dans quelques baquets d'eau que le géant du Maine allait péniblement recueillir dans un creek à sept ou huit milles dans la montagne.

La pelle sur l'épaule, chargés de sacs vides, affublés de grandes bottes, Denis Searl et son frère m'accompagnèrent sur ces terrains boraciques que je m'étais promis d'examiner attentivement.

Toute cette partie du lac, plus ou moins exploitée, était couverte d'une couche de soude mélangée avec du sable craquant sous la botte. Au-dessous, le pied s'enfonçait dans une épaisseur de quatre à cinq pouces de borate de soude en poussière, comme du sucre pilé de demi-blancheur. Sous ce borate de soude s'étendait une couche de sulfate de soude et de magnésie en blocs, que le pic seul pouvait détacher. Au bout de la chaussée, construite avec des fascines et quelques rochers et atteignant le milieu du lac, les Chinois, enfoncés dans une eau vaseuse, retiraient ces énormes blocs dont les frères Searl ont dû apprécier plus tard la non-valeur, eu égard aux frais d'exploitation et de transport à la côte.

Cette épaisseur de borate de soude enlevée, elle se reforme en quelques années, car l'eau existant dans le fond du lac est tellement imprégnée d'acide borique, que l'évaporation de cet acide à travers le sulfate de soude vient, par assimilation, constituer le borate de soude.

Je recueillis de forts échantillons de ce dernier produit que j'analysai plus tard. J'en obtins de 40 à 45 pour cent de borax de commerce, ce qui était encore inférieur au rendement des borates de soude du « Teals Marsh », dans l'Etat du Nevada, qui me donnaient en moyenne 55 à 60 pour cent. Il est vrai que ces dépôts du « Teals Marsh » ont été promptement épuisés par une Compagnie de Chicago, qui vint s'y installer pour raffiner ces beaux produits.

Nulle part dans ce lac du « Slate range » je ne rencontrai de borates de chaux, si abondants dans les « deposits » de Columbus, dans l'Etat du Nevada, où il se trouve d'ailleurs en compagnie du borate de soude.

Ce borate de chaux, sous la forme de pierres plates et friables, mais plus souvent roulé avec différents sulfates et pas mal de sable, sous la forme de pommes de terre ou de blocs, appelés ici « cotton balls » et que l'on doit généralement piocher à deux ou trois pieds sous terre, malgré qu'il contienne 40 à 45 pour cent d'acide borique, ne peut d'ailleurs être exploité en Californie avec le même avantage que le borate de soude. Les frais de fabrication sont trop élevés, le travail est plus long et minutieux et réclame l'adjonction du bicarbonate de soude, toujours fort cher ici. Il est vrai que le pour cent en acide borique est aussi élevé et que le borax de commerce provenant de borates de chaux, s'il n'est meilleur, tout au moins se présente sous de plus beaux cristaux.

En dehors des terrains appartenant aux frères Searl, il y a certainement d'autres « deposits » d'une richesse très appréciable, avec des rendements en borax de 25 à 30 pour cent, ce qui serait très beau dans un pays où la main-d'œuvre et les frais d'établissement d'une fabrique seraient raisonnables, où l'on n'aurait pas à payer le combustible fort cher et quelque 50 dollars par tonne pour le transport des produits à San Francisco.

———

Le soir, assis auprès d'un bon feu dans la cabine des frères Searl, nous causions de choses et autres; lorsque je demandai si la contrée possédait quelque gibier :

— Absolument pas, me répondit Dennis, le pays est désolé, les montagnes n'ont pas d'arbres, la plaine aucune verdure. Tout ce que l'on peut tirer, et encore sont-ils très-rares, ce sont les « mountain sheeps » (bouquetins).

Il y a quelques années, lorsque nous « prospections » dans ces régions, il nous arrivait d'en tuer de temps à autre; mais nous n'en apercevons plus depuis longtemps.

— Et l'ours gris? demandai-je.

— L'ours! de quoi voulez-vous qu'il vive par ici? Il ne s'y aventure guères et préfère rester dans les forêts de la Sierra. Là il y a des arbres, des fermes et du bétail. Au surplus, nous ne sommes pas fâchés de ne pas l'avoir pour voisin.

— Vous paraissez vous y connaître, lui dis-je.

— Oh! pas autrement que pour l'avoir chassé souvent, me répondit Dennis, mais demandez à mon frère John, si c'est une rencontre agréable?

— Ma foi, dit John, je compte bien m'en garer désormais comme de la peste. Je n'ai pas eu de chance dans ma dernière bagarre avec maître Grizzli et je m'en tiens là. Je ne suis pas comme le joueur s'acharnant à une mauvaise partie.

— Contez-nous donc ce qui vous est arrivé, demandâmes-nous à John Searl.

— Bien, bien, quoiqu'une mésaventure ne soit jamais chose dont volontiers l'on se targue, je mettrai ma modestie de grand chasseur sous le boisseau, et voici l'affaire :

Nous étions, notre associé, Dennis et moi, en chasse depuis plusieurs jours dans les montagnes de la Soledad, où nous possédions quelques mines et un moulin à quartz.

Il y a à peu près un an et demi de cela, et toute la contrée abondait en chevreuils. Nous campions la nuit dehors, lorsqu'un matin que la neige fraîche était tombée, j'avisai à peu de distance de notre campement de nombreuses traces de chevreuils.

Comptant en tuer un ou deux avant que mes compagnons eussent préparé le déjeuner, je partis seul, à cheval, par un mauvais sentier conduisant dans le ravin au-dessous de nous. Mon cheval glissait beaucoup; je l'attachai à un arbre et je continuai, le rifle sous le bras.

A peine avais-je fait cinquante pas, qu'au détour d'une roche s'avançant sur le chemin, je me trouvai face à face avec le plus beau grizzli que j'aie rencontré dans ma vie.

Il m'avait entendu ou vu peut-être, avant que

j'eusse deviné sa présence. Debout sur ses pattes de derrière, il était presque à me toucher avant que je pusse épauler mon rifle.

Il n'y avait pas à reculer. La crosse de ma carabine appuyée contre ma ceinture, je lui lâchai mon coup de feu. Ma balle a dû le frapper trop bas dans le ventre, ce dont d'ailleurs je n'ai pu m'assurer. Mon coup était à peine parti, que mon rifle me sautait des mains, cassé net au ras de la batterie et que je recevais en même temps une giffle comme il sera donné à peu de gens d'en recevoir. A la même seconde, je sentis la patte de l'ours sur toute ma figure. Ses griffes m'entraient dans les chairs et ma mâchoire inférieure pendait sur mon cou. Puis un coup épouvantable sur l'épaule gauche et un déchirement des chairs dans le haut du corps. Je n'avais pas été mordu, mais corrigé à coups de griffes.

Je tombai sans cependant perdre connaissance, malgré les affreuses douleurs que je ressentais. Je me tins parfaitement coi. Maître Grizzli vint me donner quelques frottements de son museau. Je pensais qu'il allait me déguster, quoique je doive être pas mal coriace. Selon toute apparence, je ne faisais pas son affaire, car il ne me toucha pas de la dent, mais il me secoua encore une ou deux fois avec ses énormes pattes. Satisfait sans doute de son ouvrage, il me tourna les talons et alla à une vingtaine de pas. Probablement quelque pensée lui survint, car il arriva de nouveau sur moi et me secoua de plus belle.

Malgré les atroces souffrances que j'éprouvais, je

ne poussai aucun gémissement et l'ours se décida à s'en aller.

Lorsque je le jugeai à quelque distance, j'essayai de me relever. Mon épaule et mon bras gauche étaient cassés, j'étais aveuglé par le sang ; mais les jambes n'avaient pas été atteintes profondément, et quoique fort endolori de tout le corps, je me remis sur pied et allai retrouver mon cheval. C'était une bête assez vive et elle avait senti la présence de l'ours.

Dans l'état où j'étais, avec une partie du corps paralysé, j'eus beaucoup de peine à remonter sur mon cheval. Enfin je regagnai notre campement.

Mes amis me conduisirent à la Soledad et de là à l'hôpital de Los Angeles.

Les meilleurs médecins de la ville furent appelés. J'étais en si piteux état que l'on me considéra à peu près comme perdu. Ils me raccommodèrent le bras et l'épaule, me replacèrent les chairs de la poitrine, mais aucun d'eux n'arrivait à me remettre la figure et la mâchoire à leur place.

Un dentiste entreprit enfin cette partie de mon individu. Je fus passablement martyrisé et restai quatre mois à l'hôpital.

Mais d'ailleurs, je ne porte pas trop de traces de cet accident, sauf que j'ai la bouche de travers, ce qui est un peu caché par ma barbe que j'ai laissée pousser entièrement, et vous voyez que mon épaule gauche est plus basse que la droite, ce qui me donne quelque faux air d'un bossu.

Cela m'est peu sensible. Je n'ai plus à plaire et ma

femme, paraît-il, me trouve encore mieux ainsi, que si je n'étais plus du tout.

Des quatorze victimes connues que ce même ours a faites, je suis la seule qui en ait réchappé. Cela paraît vous étonner, mais vous avez pu lire dans les journaux toute l'odyssée de ce grizzli depuis deux ou trois ans que ses traces sont partout reconnues. Il lui manque deux griffes à la patte gauche de derrière, aussi ses empreintes sont-elles reconnaissables et elles ont été retrouvées à l'endroit où je suis tombé.

Cet ours est le plus énorme spécimen de son espèce que j'aie vu. L'an dernier, il a tué une demi-douzaine d'hommes dans les montagnes de Santa Cruz, en descendant sur San Bernardino. Personne n'a encore eu la chance de l'abattre; il doit avoir la carcasse remplie de plomb. Le gouvernement a offert une prime à celui qui le tuerait. Ce ne sera pas moi qui m'en chargerai, vous pouvez en être certains.

———

Après quelques jours passés à explorer le lac de borax du « Slate range » et la contrée environnante, où l'on rencontre de nombreuses indications de mines d'argent, ne pouvant nous hasarder dans le nouveau district de Panamint, car les dernières neiges de l'hiver auraient rendu nos recherches inutiles, nous prîmes congé de nos amis Searl, dont l'hospitalité nous avait été fort précieuse, et, reprenant la même longue et fatigante route que nous avions suivie pour nous rendre dans ces contrées, nous arrivâmes en une semaine à Los Angeles.

XXIII

PANAMINT

Vers la fin de cette même année 1874, en décembre, je crois, j'entrepris un second voyage dans ces régions du désert du Mohave, partant seul cette fois de Los Angeles à destination de Panamint.

Le pays que huit mois auparavant j'avais traversé, était déjà moins désert. La Compagnie des mines de Cerro Gordo avait, de distance en distance, établi des stations pour desservir ses grands transports, mais non en vue de la commodité des voyageurs.

Toutefois, auprès de ces stations, l'on rencontrait le plus souvent quelque méchante bicoque, où, à la rigueur, l'on pouvait demander l'hospitalité.

La route était plus fréquentée. De l'aube au coucher du soleil, l'on rencontrait quelques faces humaines se rendant au Panamint ou en revenant, car c'était alors l'époque du plus fort « excitement » pour ce district minier.

Parti de la Soledad, j'arrivai un soir, après une course de cinquante milles dans les sables, à la nouvelle station de «Fork of the roads». Mes chevaux, deux excellentes bêtes de race américaine, étaient rendus. Je ne pouvais songer à pousser jusqu'à Deserts Springs, où je devais trouver un bon lit et un abri pour mes animaux.

Je m'arrêtai donc à la mauvaise cabane de «Fork of the roads».

Devant la porte se tenait une femme, jeune encore, les yeux pleins de larmes, et une toute petite fille se serrait contre elle.

— Pouvez-vous me donner l'hospitalité, demandai-je, et de l'eau et du foin pour mes chevaux ?

— Certainement, Monsieur, me répondit la femme.

Et après quelque hésitation :

— Mais puis-je vous prier, Monsieur, de passer la nuit ici, vous m'obligerez beaucoup. —

Je parus sans doute quelque peu étonné de cette insistance.

— Mon Dieu, Monsieur, je suis seule à la maison avec ma petite fille. Mon mari est depuis deux jours dans le Tehachepee où il est allé acheter du foin, et il ne doit revenir que dans la journée de demain. Avant son départ, nous avons admis par bonté un homme complétement à bout de ressources, qui nous demandait quelque travail. Or, depuis que je suis seule ici, il a pris possession du «bar room». C'est vous dire qu'il est affreusement ivre. Il commande ici et me fait toutes espèces de menaces. Vous ne l'avez pas encore vu, il dort dans le corral et j'ai peur de lui à ce point que, si personne n'avait passé ce soir ici, j'étais décidée à aller avec ma fille réclamer un asile à la prochaine station.

— Soyez rassurée, Madame, je serai très content de pouvoir vous être utile. Je ne comptais pas poursuivre ma route, au cas où je trouverais ici à coucher et à loger mes chevaux.

J'allai dans le corral réveiller le croquemitaine.

— Venez m'aider à dételer et à soigner mes chevaux, lui dis-je.

— God dam, me répondit le butor en se retournant sur sa botte de paille, laissez-moi tranquille, je ne suis pas ici pour vous servir.

— Allons, allons, soyez un bon garçon, et levez-vous.

— Go to hell (allez au diable), me cria-t-il.

— Bien ; maintenant, j'ai été convenable et poli avec vous, et vous êtes un grossier personnage. Vous allez vous lever promptement et venir m'aider sans plus de paroles.

Le gredin, armé d'une fourche, fut sur moi que je n'avais pas fini de le chapitrer.

— Oh ! oh ! je suis préparé pour vous, lui dis-je, en lui présentant la gueule d'un grand diable de revolver de marine, que j'avais acheté à Los Angeles. N'avancez pas, ou je vous tue comme un chien.

Il lâcha la fourche et vint m'aider en grommelant.

Le soir l'on me fit un lit dans la buvette.

Le butor demanda à coucher dans la maison.

— Je vous en prie, ne le permettez pas, me dit la femme, nous avons affaire à un vrai bandit. Il vous en veut et pourrait vous faire un mauvais parti cette nuit.

Pendant la soirée, j'allai trouver le gars dans le corral. Il ne faisait pas chaud du tout et je le vis blotti entre deux bottes de paille.

— Ecoutez, lui dis-je, vous vous conduisez fort mal et les femmes ont raison de ne pas vous admettre dans la maison. Cuvez votre whisky en plein air, je vais vous prêter mes couvertures pour cette nuit.

Il faut croire qu'il avait réfléchi et qu'il ne voyait rien à gagner à faire le méchant, car le matin, au jour, je le trouvai debout, en train de soigner mes chevaux.

— «You had the best of the last night» (la chance a été pour vous, hier soir), me dit-il, vous étiez armé, mais je vous retrouverai quelque jour et j'aurai alors ma revanche. «Take care of yourself» (prenez garde à vous).

— C'est entendu, je suis généralement sur mes gardes dans ces pays-ci. Pour le quart d'heure, si j'ai un conseil à vous donner, c'est de faire votre paquet et de filer d'ici, avant que le maître revienne. Il est infiniment probable qu'il sera moins accommodant que moi dans toute cette affaire et qu'il vous cassera les côtes.

Il prit son déjeuner et disparut du côté de «Deserts Springs».

Dans la matinée, je continuai ma route et j'aperçus de loin mon homme s'engageant sur le sentier du De-

sert lake, alors que je pénétrais sur la gauche dans le
« Red rock cañon ».

Bientôt j'arrivai à la source où, quelques mois auparavant, Charles Seibert m'avait si bien accueilli.
Mais il n'y était plus. Sa maisonnette avait disparu
avec lui.

Sur une roche avoisinante je lus, écrit en grandes
lettres au charbon : « Left for Panamint. C. S. » (Parti
pour Panamint.)

Deux jours après, j'étais rendu au lac de borax du
« Slate range ».

Sam. Harper, de Los Angeles et de la Soledad, qui
m'avait loué la voiture et les chevaux que j'employais
pour ce voyage, avait bâti sur les bords du lac, à peu
de distance de l'établissement des frères Searl, une
espèce de maison formée de grosses pierres ramas-
sées par-ci, par-là. L'air pénétrait bien un peu partout
entre ces blocs superposés et au travers de la toiture
faite d'une toile à voiles.

Une unique chambre, sans plancher naturellement,
occupait l'espace resserré entre les quatre murs.
C'était tout à la fois le « bar-room », la salle à manger
et la chambre à coucher, sans lits, bien entendu.

La cuisine se trouvait derrière la maison, sous une
tente.

Quant à un hangar pour les chevaux, point, et de
corral pas davantage. On attache les bêtes au piquet,
les enveloppant de couvertures pour les nuits toujours glaciales dans ces pays-là.

Je m'arrêtai à cette espèce de station, ne voulant

pas déranger mes amis Searl, fort occupés dans ce temps-là à construire leur fabrique-raffinerie de borax et une maison d'habitation plus confortable que la misérable cabane qu'ils habitaient encore.

Dans ces régions, lorsque l'on voyage avec une voiture et deux chevaux, il devient utile de ne faire partout que le strict séjour nécessaire.

Tout est à des prix exorbitants, le pays ne produisant rien, pas même de l'eau potable qui coûte 25 sous le seau, tandis que l'orge et le foin sont comptés à 10 et 12 sous la livre, ce qui remet la nourriture de deux chevaux de 15 à 20 dollars par jour, soit 75 à 100 francs.

J'avais quarante-cinq milles à faire pour gagner Panamint. Du moins c'était la distance que tout le monde m'indiquait, mais ces quinze lieues me firent l'effet d'en mesurer vingt à vingt-cinq, à travers le même terrain sablonneux et les montagnes du Slate range, qu'il faut traverser pour arriver à la chaîne du Panamint.

Cette chaîne forme la limite entre la Californie et l'Etat du Nevada. Le versant du Slate range, à l'est, est excessivement abrupt, et la route, ne pouvant se développer, descend presque à pic dans la vallée, à tel point que, même ayant enrayé les roues de derrière de ma voiture, je fus obligé de mettre pied à terre et de me tenir à la tête de mes chevaux, les soutenant dans leurs nombreuses glissades qui pouvaient nous valoir une jolie dégringolade dans un précipice de quelques 5 à 600 pieds de profondeur.

Le fond de la vallée est encore le lit d'un ancien lac dont la surface est couverte de sel de soude et de borax.

Vers deux heures de l'après-midi, j'arrivai à la station de « Post office spring », située au pied des monts du Panamint.

— Vous avez environ onze milles à faire pour atteindre les mines, me dit le propriétaire de la station, et je vous engage, si vous voulez continuer votre route aujourd'hui, à ne pas vous arrêter trop longtemps ici, le trajet n'est pas prudent la nuit.

Il m'indiqua, à trois milles de là, l'entrée du ravin qui conduit à Panamint, entrée bien visible, car les eaux, descendant en torrent dans ce cañon pendant l'hiver, ont ravagé tout le versant de la montagne et mis presque partout la roche à nu.

Le jour tombait que je m'engageais dans ce ravin. Un petit ruisseau coule au pied des roches qui s'élèvent des deux côtés de la route, en murailles hautes de quelques cents pieds et infranchissables presque partout.

Ce ravin se continue jusqu'à une petite distance du sommet de la montagne, élevée de 9000 pieds environ au-dessus du niveau de la mer et, pendant six à sept milles, il n'a pas au-delà de vingt pieds de largeur.

La grande Compagnie des mines et des eaux de Panamint, sous le contrôle du sénateur des Etats-Unis J. P. Jones, a fait construire une route occupant tout le fond de cette coupure dans la montagne, route assez bonne, mais parfois fort escarpée.

La nuit me prit bientôt dans cette pittoresque cañada; les ténèbres devinrent si profondes que je dus m'en rapporter à l'intelligence de mes chevaux du soin de me conduire à bon port.

De temps à autre, des cris retentissaient dans le ravin et des «stop, stop!» (arrêtez, arrêtez!) m'obligeaient à me garer le mieux possible, pour laisser passer les cavaliers et les voitures descendant de Panamint, et que j'avais grand'peine à distinguer, tant il faisait noir.

Bientôt j'aperçus une lumière. Me voici arrivé, pensai-je avec joie, car j'étais exténué de fatigue, marchant à côté de mon équipage et obligé de m'asseoir à chaque instant sur quelque roche au bord de la route pour reprendre haleine.

C'était un homme, une lanterne à la main, me barrant le passage.

— Vous avez à payer le péage de la route, me dit-il.

— Combien?

— Pour vos deux chevaux et votre voiture, c'est trois dollars (15 francs).

Je trouvai ce péage un peu raide.

La route, d'après ce que j'avais entendu dire, n'avait pas coûté au-delà de 25,000 dollars à construire, et, au taux de la redevance à payer, pour peu que le district eût quelque durée, le capital engagé dans cette entreprise devait être promptement remboursé.

— Suis-je bientôt à Panamint? demandai-je à ce

douanier, et pouvez-vous me dire où je pourrai re-
miser mes chevaux et ma voiture?

— Vous avez encore trois milles à faire, me répondit-il. Quant à trouver une écurie, n'y songez pas; il
n'y a là-haut que celle de la diligence. Mais arrêtez-
vous à la première maison en bois; il y a un hangar
où vous pourrez placer vos chevaux et les faire nourrir.

Le ravin s'élargissait quelque peu et bientôt, tout
autour de moi, de nombreux feux vinrent éclairer la
cañada, tandis que les coups de mine, détonnant à
chaque instant, excitaient mes chevaux fatigués.

Il était près de dix heures lorsque j'atteignis les
premiers campements de Panamint, puis l'espèce de
bicoque que l'on m'avait indiquée.

J'y trouvai à mettre mes bêtes à l'abri sous une
tente. Quant à me loger, ce fut une autre affaire.

— Il y a plus haut un restaurant français, me dit
l'homme d'écurie. Vous y trouverez à manger, peut-
être à coucher, cependant je ne puis vous l'assurer.

Prenant mes couvertures et mon sac de voyage,
me voilà à la recherche d'un bienheureux lit que je
ne devais pas rencontrer.

J'entrai au restaurant. Il n'avait de français que le
nom sur l'enseigne. Quant au propriétaire, c'était un
Dalmate nommé Perasich, qui se fit tuer l'hiver suivant dans une de ces rixes si fréquentes dans les nouveaux camps miniers.

Je lui fis part de mes désirs d'être restauré et de
trouver un toit pour la nuit.

— Je puis vous offrir du jambon et des œufs, des pommes de terre et du pâté de foie gras, me dit mon Dalmate. C'est tout ce qui me reste ce soir. Quant à un lit, voyez, toute la maison consiste en cette salle et la cuisine derrière. J'attends des meubles prochainement et je ferai construire quelques chambres à coucher.

— Il faut pourtant bien que je me case quelque part, lui répliquai-je. Je ne puis aller dormir sur les roches dans la rue. Laissez-moi étendre mes couvertures dans un coin de votre salle. Il fait chaud ici, au moins.

— Vous n'y pouvez songer, fit Perasich. Nous ne fermons pas l'établissement et toute la nuit c'est un va et vient de gens ivres, de gamblers et de femmes qui viennent souper et font généralement grand tapage. Vous ne pourriez fermer l'œil et vous ne seriez pas à l'abri de leurs plaisanteries plus ou moins grossières. Venez avec moi, je vous conduirai dans ma cave, creusée dans la montagne; c'est là que je me repose pendant le jour. Vous pourrez vous installer dans vos couvertures sur quelques sacs d'orge. La couche ne sera pas tendre, mais vous pourrez dormir toutefois.

Je m'arrangeai tant bien que mal dans cette caverne et même je comptais trouver un sommeil réparateur, lorsque j'entendis des ronflements sonores dans un coin de la cave plongée dans l'obscurité, puis, venant d'une autre direction, une voix criant rien moins que poliment : «Stop that snorring down there» (finissez donc de ronfler là-bas). Cet avertissement eut l'effet désiré, pour quelque temps du moins.

C'était là, au surplus, le moindre inconvénient, car toute la nuit la porte ne cessa d'être ouverte et fermée par de nouveaux arrivants, qui, trébuchant dans l'obscurité, allaient s'asseoir sur quelque dormeur mal placé.

Ce qui s'ensuivait de jurements impossibles, voire de menaces, sans suites heureusement, cette nuit-là, peut s'imaginer d'une société aussi raffinée que celle formée par mes compagnons de dortoir.

Au jour, je vis défiler mes co-locataires de la cave : une dizaine de figures plus ou moins patibulaires, et mon premier mouvement fut de sentir si rien ne m'avait été escamoté. Je pus enfin trouver quelques heures de repos, seul, dans mon boudoir souterrain.

Le soleil brillait et la chaleur était très grande dans cet étroit ravin où est situé le camp de Panamint, composé d'une cinquantaine de loges en troncs d'arbres, de tentes et de maisonnettes à moitié creusées dans les rochers.

Quelques jours auparavant, la neige avait fait sa première apparition ; mais l'hiver ne commence sérieusement que dans la seconde moitié de janvier en ces régions et tous travaux sont alors forcément interrompus par l'amoncellement des neiges.

J'allai au Post-office et bureau d'express de Wells Fargo.

Je m'étais fait adresser à Panamint, ainsi qu'à une autre station de poste sur ma route, certaines sommes d'argent, n'ayant pas jugé prudent, voyageant seul surtout, de prendre avec moi, dès le départ, tous les fonds que cette campagne pourrait me coûter.

— Je n'ai rien à votre adresse, me répondit le « Post Master ».

La même réponse me fut d'ailleurs faite à Indian Wells, pour un second envoi.

A mon retour à San Francisco, j'allai réclamer ces sommes à la poste, où ces envois avaient été duement enregistrés.

— Nous allons faire faire des recherches, me répondit le clerc au département des lettres chargées, mais si vous n'avez pas reçu vos remises, croyez qu'elles ont été volées sur la route.

— En ce cas, vous aurez à m'en tenir compte, dis-je, puisque l'envoyeur a fait enregistrer ces lettres et a dû payer les frais supplémentaires de cette formalité.

— Payer, non pas. La poste n'est pas responsable. Mais allez voir le superintendant du service des détectives de la Malle des Etats-Unis. Il s'occupera de votre affaire. Par lui, vous aurez la seule bonne chance de rentrer dans votre argent.

La perspective était bien légère, cependant je voulus en essayer.

Le superintendant, un gentleman très aimable, prit note de ma réclamation.

— Je me rends précisément dans ces contrées du Panamint, sous peu de jours, me dit-il. Voilà pas mal d'irrégularités qui se commettent sur la route de la

Malle. Je veux en avoir le cœur net. Revenez me voir, je vous prie, dans trois semaines.

— Vos lettres ont été volées par le conducteur de la diligence d'Havilah à Indian Wells, m'annonça le superintendant à son retour. J'ai suivi le voleur jusqu'à Ehrenberg, sur la rivière Colorado, où il s'est enfui. Là j'ai perdu ses traces. Je le retrouverai bien un jour ou l'autre !

— C'est fort bien, mais mon argent, le retrouverai-je jamais?

— Quant à cela, je crains fort que vous n'ayez à en faire votre deuil.

Et de fait, je n'en ai plus entendu parler.

Descendant la seule rue du camp, magnifique d'ornières et d'éboulis de rochers, je me dirigeais vers l'endroit où j'avais laissé mes chevaux la veille, lorsque je m'entendis appeler.

C'était Charles Seibert, de « Red rock cañon ».

— Faites-moi le plaisir d'entrer chez moi, vous trouverez que je suis mieux installé que dans la montagne du Tehachepee. Ma cabane de là-bas m'a cependant servi ici de premier pied-à-terre.

J'entrai. Charles Seibert tenait un « bar room » (débit de liqueurs), commerce toujours d'un bon rapport dans les mines. Aussi trouve-t-on dans presque chaque maison un « Wine and liquors saloon ».

— Comment n'avez-vous pas demandé mon adresse hier soir en arrivant? me demanda-t-il, lorsque je lui eus raconté mes petits ennuis. Voyez, vous ne m'eussiez pas gêné le moins du monde; j'aurais été heureux de vous céder mon lit, car nous en avons deux dans cette chambre de derrière et j'aurais pu coucher avec mon associé. Aussi, c'est entendu, vous allez venir loger ici.

Mais vous êtes à Panamint pour affaires de mines, continua-il, et si vous n'avez pas de meilleur guide, je serai charmé de vous conduire dans nos environs et de vous montrer les exploitations les plus riches. Je connais à peu près tous les superintendants et j'ai moi-même quelques locations que j'aimerais à vous faire voir.

J'acceptai très volontiers.

La plupart de ces mines de Panamint étaient alors dans un état peu avancé d'exploitation; les puits les plus profonds n'atteignaient guères à plus de 75 pieds de la surface et les tunnels n'avaient pas de grands développements encore. Mais c'est dans ces premiers travaux que fut rencontré le minerai le plus riche et le plus facile à travailler. Deux seules mines à ma connaissance ont donné de bons minerais jusqu'à une profondeur de 5 à 600 pieds.

Aucun moulin pour la réduction de ces minerais n'existait encore à Panamint. La roche la plus riche était alors envoyée à San Francisco, supportant un transport de 80 à 100 dollars par tonne, tandis que les minerais de seconde classe restaient amoncelés à l'ouverture des puits d'extraction, attendant le moment où l'on pourrait les réduire sur place.

En même temps que la Compagnie du sénateur Jones s'occupait à amener les eaux dans le camp, allant les recueillir à 200 mètres environ au-dessus de Pana-mint, là où le ravin se terminait contre le plus haut sommet, elle procédait à la construction d'un premier moulin à minerais. D'autres travaux de réduction ont sans doute été montés depuis, malgré l'apparence chaque jour moins satisfaisante des mines, dans lesquelles la veine diminuait en profondeur ou bien se composait de « bas-métaux », c'est-à-dire à base d'argent mélangée de sulfurets, rendant le travail de réduction beaucoup plus difficile et plus onéreux.

Cet état de choses a même empiré l'année suivante. Aussi le district de Panamint a-t-il été largement déserté en faveur du camp minier de « Darwin », à quelque quarante milles de là, en Californie, où les exploitations ont rencontré un minerai très riche aussi, mais dans lequel le plomb domine et rend la réduction plus facile et moins coûteuse.

Je désirais rencontrer un nommé Giovanni Patrizia ou son associé, qui a été également tué depuis par un mineur mexicain dans les parages du Cerro Gordo, pour quelques dollars engagés sur une partie de « poker ».

— Vous ne les trouverez pas ici, me dit Seibert. Ils sont partis, il y a une quinzaine de jours, bien équipés, pour prospecter dans les monts Amargoza, au nord-est d'ici et je ne pense pas qu'ils reviennent de sitôt. Cela va vous obliger à un nouveau voyage, car je sais que Patrizia n'a pas fait travailler aux mines du « Wild rose cañon ». Il attend le printemps. Vous aurez plus de chances de rencontrer vos deux hommes à Los Angeles dans le courant de février qu'ici dans les montagnes, car, au retour de leur tournée de prospect, ils descendront en ville pour vendre leurs nouvelles découvertes.

Ma voiture chargée de deux forts sacs de minerais de différentes mines que j'avais visitées à Panamint et dans lesquelles l'on m'avait offert un intérêt à des conditions presque nominales, je songeai à reprendre la route de la plaine.

Deux jours après, j'arrivais vers quatre heures du soir à « Salt Springs » (sources salines), dans le désert du Mohave et le comté d'Inyo. Je m'y arrêtai pour abreuver mes chevaux dans deux puits à peine forés et contenant une eau peu potable, même pour les animaux, tant elle était imprégnée de différents sels.

Un vieux bonhomme sortit d'une petite tente plantée non loin des puits et s'offrit à me tirer de l'eau, puis m'informa que je trouverais à manger sous son toit.

Depuis un déjeuner fort maigre, à sept heures du matin, au lac de borax, je n'avais rien eu à me mettre sous la dent, aussi acceptai-je la proposition, bien que le bonhomme fût ivre à ne pouvoir se tenir en équilibre.

J'entrai avec lui sous la tente, et mon premier regard alla tomber sur un particulier couché sur une caisse et probablement aussi avancé en whisky que son compagnon.

C'était mon butor de la station de «Fork of the roads». Il parut surpris autant que moi.

— Hallo, that's you? (comment, c'est vous?), me cria-t-il, cherchant à reprendre la position perpendiculaire; vous savez, nous avons un compte à régler. Je vous avais dit que nous nous retrouverions.

— Bien, bien, vous savez aussi que je suis toujours préparé pour vous et les gens de votre sorte.

En même temps je sortis de ma poche de côté mon immense revolver.

— Mais, croyez-moi, vous n'êtes pas en état de me répondre, vous ferez bien d'attendre une autre occasion.

— Par Dieu, ce gentleman a raison, interrompit le vieux bonhomme. Vous n'allez pas faire de tapage chez moi, mauvais vaurien. Venez allumer du feu, que je prépare quelque chose à manger.

— Chez vous? dis-je en souriant, car je venais de lire sur une caisse de provisions le nom de Sam Harper et je me souvins en même temps d'avoir entendu ce dernier parler d'une espèce de station qu'il avait organisée à Salt Springs.

— Chez moi, certainement, répondit le vieil ivrogne.

Mais voyant que je le regardais fixement :

— C'est-à-dire, continua-t-il, cette tente et ces provisions appartiennent à Sam Harper. J'ai trouvé le tout inoccupé il y a quelques jours et je m'y suis installé. Mais croyez bien que je réglerai avec Sam, la première fois qu'il passera par ici.

— Je l'espère, répliquai-je, quoique je n'en crusse

pas un mot. Mais si cette prise de possession est contestable, elle ne devrait pas au moins dégénérer en
l'abus que vous et votre compagnon faites du whisky
de Sam, et sans doute de ses marchandises. Il est fort
probable qu'il ne vous passera pas cette plaisanterie.
Vous ferez bien de lui en laisser, car il va arriver
demain probablement.

Je l'ignorais tout à fait. A la rigueur cela pouvait
être cependant, car Harper avait quitté la Soledad
quelques heures après moi, conduisant deux énormes
voitures, à douze ou quatorze mulets et chevaux chacune, chargées de provisions et de planches en destination de Panamint. Mais la célérité de son voyage
dépendait de la bonne conduite d'une demi-douzaine
de mustangs entremêlés avec les mules, mustangs
que l'on était allé lasser une demi-heure avant que de
les atteler, et les malheureuses bêtes avaient déjà tout
le corps à vif, qu'elles n'avaient pas consenti à donner
le premier coup de collier.

— Oh! ne vous inquiétez pas, ils marcheront, m'a-
vait dit Sam.

Donc, sur l'annonce de l'arrivée de ce dernier, mes
deux ivrognes se jetèrent un coup d'œil facile à tra-
duire en : Nous ferons bien de déguerpir au plus vite,
avant qu'Harper nous houspille.

Mon lunch terminé, mon revolver sous la main, car
je voyais mon butor caresser trop fréquemment une
espèce de barre de fer, je dis «good bye» (au revoir)
à mes flibustiers du désert et je m'acheminai vers Indian Wells. J'avais l'intention d'y passer quelques

jours, tant pour laisser reposer mes chevaux que pour attendre de San Francisco des fonds qui ne devaient profiter qu'au voleur : le conducteur de la diligence.

Je montais à la station, lorsque je m'entendis appeler.

— Will you take a drink, Mr L... (Voulez-vous prendre un verre avec moi)?

Je ne reconnaissais pas le grand gaillard bronzé par le soleil et bistré par la poussière d'une longue route, qui s'avançait vers moi.

— Je suis Johnston, vous savez, me dit-il. Ah! je vois, vous ne me remettez pas depuis que j'ai fait raser ma longue barbe. Mais vous devez vous souvenir d'une partie de « poker » que nous avons faite, il y a une quinzaine, avec des particuliers de Los Angeles, à la station de San Fernando.

Si je me souvenais de l'histoire, je le pense bien. Je m'étais laissé aller un soir d'ennui, après deux journées passées à attendre impatiemment des chevaux pour continuer ma route, à faire une petite partie de « poker » avec les susdits particuliers dont le maître de station m'avait d'ailleurs dit suffisamment de bien. Et j'avais été indignement volé, ce dont je m'étais aperçu trop tard.

— Ma foi, Monsieur, je ne vous connaissais pas. Les choses ne se seraient pas passées ainsi, continua Johnston, mais j'ai rencontré sur la route M. Nadaud, le superintendant du Cerro Gordo. C'est mon patron, et j'ai pu voir que vous êtes depuis longtemps en relations avec lui.

Je voudrais pouvoir vous remettre l'argent que nous vous avons soutiré ; mais, que voulez-vous? il est dépensé. Je tiens cependant, autant que possible, à réparer mes torts et, si vous me le permettez, je vais vous signer un «deed» (forme de vente, de cession) de 320 acres de terres à borax que je possède sur le lac du «Slate range». Je ne sais trop qu'en faire d'ailleurs, tandis que, d'après ce que M. Nadaud m'a appris, ces terrains sont de quelque valeur pour vous.

J'acceptai cette espèce de réparation, jurant à nouveau de ne plus expérimenter le «poker» avec des inconnus.

Le surlendemain, j'allais monter en voiture pour reprendre ma route solitaire, lorsque je vis arriver à la station d'Indian Wells ou «Lagunita» Sam. Harper et ses transports.

Je lui racontai naturellement ce dont j'avais été témoin à «Salt Springs», lui recommandant de faire diligence s'il voulait trouver quelques restes dans sa baraque, et je lui donnai le signalement des deux usurpateurs, l'engageant spécialement à soigner le plus jeune, mon butor de «Fork of the roads». Je semais de la prudence, autant valait pour moi écarter cet ennemi ; il arrive tant d'accidents dans ces voyages au travers de ces déserts et Sam Harper, avec sa brutalité américaine, s'entendrait mieux que moi à corriger radicalement ceux qui lui manquaient.

— Oh! ce n'est pas à eux que j'en veux le plus, quoique, si je les rencontre, ils passeront un mauvais quart d'heure. Mais je suis furieux contre l'homme que j'ai envoyé à Salt Springs pour tenir cette station. C'est par trop fort qu'il l'ait ainsi abandonnée, pourvue de provisions comme j'y avais veillé moi-même. Si vous retournez par la Soledad, veuillez prévenir ma femme. Il y a longtemps que j'occupe cet homme, et nous avions toute confiance en lui. Il est inutile qu'il fasse de nouvelles dupes, s'il passe chez moi. Je sais où le retrouver et croyez bien que je lui réglerai son compte.

Et je n'en doutai pas. Car Sam, le plus jovial, le plus brave des hommes, était aussi, dans ses colères, très expéditif.

Après une course fort rapide de plus de soixante-cinq milles, mes chevaux n'ayant eu dès l'aube que quelques « crakers » et un peu d'eau que j'avais, dans le Red rock cañon, puisée avec mon chapeau, car l'on m'avait dévalisé de mes baquets, j'étais rendu, tard dans la soirée, à la station de « Willows Springs », à deux journées de Los Angeles.

J'entrai dans le « bar room » pendant que l'on préparait mon souper.

Cette petite salle, aux murs en « adobe », possédait une vaste cheminée autour de laquelle se tenaient une demi-douzaine d'individus, dont deux m'étaient connus pour être des prospecteurs de la ville.

Il n'y avait que deux lits dans l'établissement, à part celui du propriétaire, frère d'un nommé Kincaird, avec lequel et mon ami le Post master de Cucomongo, nous possédions une mine de graphite dans le comté de Los Angeles.

Un des lits me fut réservé; l'autre, placé dans la même chambre, fut donné à un gaillard d'assez bonne apparence.

Je dormais profondément, lorsqu'au milieu de la nuit, la cloche de la maison se mit à tinter furieusement..

Mon compagnon de chambre se leva, alluma la lampe et commença à s'habiller.

— Pour l'amour de Dieu, qu'est-ce donc? lui demandai-je. Le feu est-il à la baraque?

— Mais non, pas que je sache; l'on sonne pour le déjeuner.

— Comment pour le déjeuner? mais la nuit est parfaitement noire. Quelle heure peut-il être?

— Quatre heures, me répondit-il, après avoir regardé à sa montre. Diable, effectivement il est de bien bonne heure. Le jour ne paraît pas avant sept heures et je ne compte pas me remettre en route avant ce temps-là. Il me semble que j'aurais bien dormi encore.

Et il bâillait et s'étirait les bras.

— Et vous allez déjeuner quand même?

— Mais oui, puisqu'on a sonné. D'ailleurs, je suis habillé, je ne vais pas me recoucher.

— C'est cependant ce que vous auriez de mieux à faire, lui dis-je. Quant à moi, je vais me rendormir jusqu'à sept ou huit heures du matin. Je déjeunerai alors, avant de partir. Vraiment, ce serait par trop fort de se mettre ainsi à la volonté et aux ordres stu-

pides d'un «station-keeper» (tenancier d'une station)
ou d'un cuisinier.

Mon homme parut surpris de la remarque. Il n'a-
vait probablement jamais pensé que les hôteliers sont
aux ordres des voyageurs et non les voyageurs aux
caprices des gargotiers.

Il finit par rire de la trouvaille et par me dire que je
pouvais bien avoir raison. Ce qui ne l'empêcha pas
d'aller là où la sonnette convoquait les malheureux
habitants de Willows Springs.

Vers huit heures, j'entrai dans le «bar room» pour
prendre mon «cocktail» (boisson apéritive). Le soleil
était à peine descendu sur le désert et une couche de
glace couvrait le petit réservoir d'eau établi en face
de la maison.

Auprès du feu, la figure fatiguée d'une nuit presque sans sommeil et passée, après ce déjeuner matinal, sur les siéges tout primitifs du «bar room», je
trouvai quatre ou cinq des hôtes de la station, et, se
prélassant devant la cheminée, fumant sa pipe, le cuisinier, un ignoble Irlandais que les ablutions ne devaient pas régénérer souvent.

— Veuillez me préparer à déjeuner, lui dis-je, je
compte partir de suite après.

— Le déjeuner a été servi, il y a longtemps, me répondit l'abruti sans se déranger. Tout le monde est
venu à table, je ne vais pas recommencer la besogne.

— Je n'ai pas d'explications à recevoir de vous,
voulez-vous, oui ou non, préparer mon déjeuner?

— Non, Monsieur.

J'avoue que mes nerfs étaient furieusement agacés. Au même moment, la femme du propriétaire qui, de la chambre voisine, avait tout entendu, vint à moi.

— Je vais vous faire à déjeuner, Monsieur; il n'y a rien à tirer de cette brute. Je regrette que mon mari soit parti ce matin, il aurait mis le drôle à la raison.

— Quant à vous, s'adressant à l'Irlandais, vous allez quitter la maison immédiatement.

— Je ne sais où aller, dit *a parte* et piteusement le cuisinier, mais assez haut pour que nous le pussions entendre.

— « Go to hell » (allez au diable), lui crièrent les voyageurs.

Ce qui n'avait pas empêché qu'aucun d'eux n'avait protesté contre les agissements du gâte-sauces.

Je montais en voiture, lorsque l'un des prospecteurs s'élança vers moi.

— Le gredin a pris la route de Los Angeles, vous le rencontrerez sans doute, me dit-il. Je tiens à vous recommander d'être sur vos gardes. Cet Irlandais est une des franches canailles du pays et il cherchera certainement à se venger de vous.

— Merci de l'avis, lui répliquai-je, j'ouvrirai l'œil et, s'il y a lieu, je ne me gênerai pas pour lui casser patte ou aile.

A deux milles environ de Willows Springs, j'aperçus l'Irlandais assis au bord de la route. Lorsque ma voiture approcha, il se leva et, brandissant son bâton, il me fit quelques menaces grossières. Il n'était pas autrement armé. Je poussai mes chevaux et passai.

Deux jours après, j'étais de retour à Los Angeles et je trouvais les journaux de San Francisco en pleine carrière d'exalter la richesse fabuleuse des mines du « Bonanza », publiant entre autres le rapport de mon ami P. D., superintendant de diverses mines du Comstock, dans lequel il établissait que le « Bonanza » devait produire, selon ses calculs, un milliard et demi de dollars à partager entre les bienheureux actionnaires de ces mines du « Consolidated Virginia » et du « California ».

Mon ami P. D. eût-il été dans le vrai, que la production de cette immense somme de dividendes aurait demandé quarante ans d'exploitation des mines du « Bonanza ».

Quelle déception! mais qui peut deviner l'avenir? L'on peut dire que, depuis deux ans, ces deux mines ne rapportent plus rien et cependant les travaux d'exploitation continuent. Peut-être même devra-t-on faire un appel à la bourse des actionnaires pour soutenir cette exploitation négative; mais telle est l'énergie de ce peuple de Californie, que sans doute il enfouira bien des millions de dollars encore en de nouvelles recherches de cette veine du « Comstock », avant de voir venir l'ère de la moisson.

TABLE

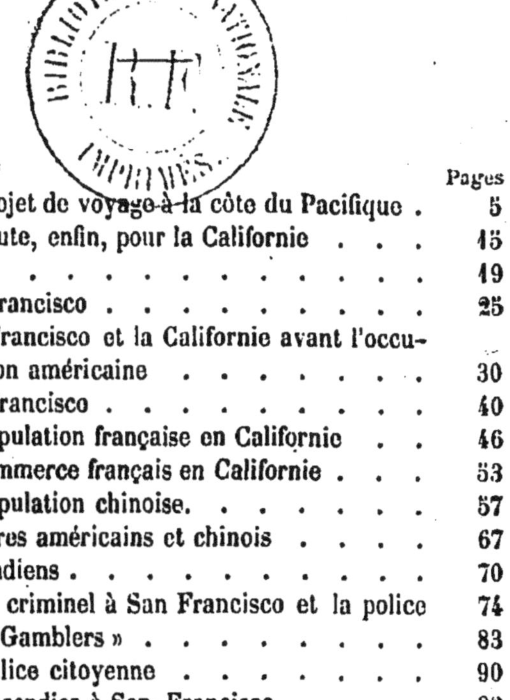

Pages

Chap. 1. Un projet de voyage à la côte du Pacifique .   5

2. En route, enfin, pour la Californie . . .   15

3. Suite   19

4. San Francisco   25

5. San Francisco et la Californie avant l'occupation américaine   30

6. San Francisco   40

7. La population française en Californie . .   46

8. Le commerce français en Californie . . .   53

9. La population chinoise.   57

10. Théâtres américains et chinois   67

11. Les Indiens   70

12. L'état criminel à San Francisco et la police   74

13. Les « Gamblers »   83

14. La milice citoyenne   90

15. Les incendies à San-Francisco   92

16. De la grande importance commerciale de San Francisco   95

17. Des diverses cultures de la terre et des produits de la Californie.   100

18. Les forêts en Californie   109

Pages

19. L'élevage des bestiaux. 113
20. Les mines de Californie 124
21. Un séjour dans un des grands ranchos du sud
    de la Californie 191
22. Une campagne en « prospecteur » . . . 255
23. Panamint 291

www.ingramcontent.com/pod-product-compliance
Lightning Source LLC
Chambersburg PA
CBHW051512050726
47595CB00002B/289